1790 - 1990
BIENVENIDO
AL KIOSKO
LAS FLOR
CHOCOLATINA
CREMA DE CACAO
TORRES
LICOR
SANDEMAN
SHERRY
PORT
¡GRAN CORRIDA DE TOROS!
6 NOVILLOS-TOROS 6
6 TOROS 6

Zu Gast in Spanien
Tapas

Bar »Sol y Sombra« Sevilla

Frank Schauhoff · Tonina Oliver

Zu Gast in Spanien
Tapas

Fotos von Carlos Agustin,
Ramón Rabal und Belén Tánago

DUMONT

2. Auflage 1997

Satz und Druck: Rasch, Bramsche
Buchbinderische Verarbeitung: Bramscher Buchbinder Betriebe

Printed in Germany · ISBN 3-7701-3491-5

◁ La Coruña

INHALT

el caballo
EQUITACION
DEPORTES
7

DER SPANISCHE LEBENSSTIL UND DIE TAGESZEITEN DER GENIESSER

Tapas haben in Spanien ihren festen Platz im täglichen Speiseplan, der von den Spaniern sehr ernst genommen wird. Dem leichten Frühstück, das meist aus einem *café solo* (Espresso) oder einem *café cortado* (einem Espresso, der als Milchkaffee daherkommt) mit einer Scheibe Toast oder einem kleinen Hefegebäck besteht und kurz bevor der Spanier das Haus verläßt oder kurz danach in einer der unzähligen Bars eingenommen wird, folgt zwischen 10.00 und 11.00 Uhr morgens das *desayuno*, das eigentliche Frühstück, das eine ernsthafte Wiederholung des ersten ist, das zwischen 7.00 und 8.30 Uhr eingenommen wurde.

Beim zweiten *desayuno*, dem *almuerzo*, sind dann zumeist Brot mit Olivenöl und Tomate oder, je nach Region, Butter und *jamón*, der wunderbare spanische Schinken, vielleicht auch ein paar Oliven beteiligt. Der Kaffee kann schon durch ein Glas Wein, Sherry oder – seltener – Bier ersetzt werden.

Gegen 13.00 Uhr folgt dann eine ernstzunehmende Generalprobe für den weiteren kulinarischen Verlauf des Tages. Die ersten Tapas mit einem Fino, einem trockenen Sherry (»un fino« lautet die Bestellung), gehen über die Theke und werden mit kleinen Gabeln oder Zahnstochern zu dem Fino verspeist. Dies findet meistens in der Tapa-Bar an der Ecke statt, die durchaus auch einen Restaurantteil haben kann.

Diese ›Mittagstapas‹ sind ein erster Vorgeschmack auf das zwischen 13.30 und 15.00 Uhr servierte Mittagsmenü, *la comida*, das in der Regel aus drei Gängen – Vorspeise, Hauptgang und Dessert – besteht. Die am späten Nachmittag zwischen 17.00 und 18.30 Uhr plazierte *merienda*, eine Art Kaffeepause mit Gebäck oder Brötchen, gerät in letzter Zeit etwas in Vergessenheit. Wen wundert das, denn bereits zwischen 20.00 und 21.00 Uhr hat man sich mit Freunden verabredet, um der vormittäglichen Tapa-Probe einen frühabendlichen Tapa-Reigen folgen zu lassen, der nicht selten in einem *tapeo*, einem Tapa-Umzug von Bar zu Bar, endet und möglicherweise dazu führt, auf das später avisierte Abendessen, *la cena*, das normalerweise um 22.00 Uhr folgen würde, völlig zu verzichten. Für diesen Fall wird man dann jedoch nicht nur Tapas bestellen, sondern *raciones*, das sind größere Portionen von denselben Tapas, die üblicherweise als Appetitanreger und als Vorwand, um einige Finos zu trinken, zu verstehen sind. Das muß jedoch nicht hinderlich sein für den Fall, daß man zu später Stunde noch in eine Bodega oder Tasca einkehrt, die Atmosphäre hat, um dann dort doch noch gegen Mitternacht ein spätes Nachtmahl einzunehmen.

Der Tag in Spanien scheint nie zu enden, und immer gibt es auch etwas *para picar*, zu ›picken‹, wie die Spanier sagen, denn der Spanier trinkt nicht, ohne eine geröstete Mandel oder ein Stück Manchego-Käse dazu zu essen.

Diese Tagesplanung findet man mit kleinen zeitlichen Unterschieden – im Norden früher, im Süden später – in ganz Spanien. Die Spanier sind ernsthafte Genießer und Feierer; niemand scheint es nachts besonders eilig zu haben, nach Hause zu kommen. Dennoch sind am Morgen alle wieder in der Bar an der Ecke zum ersten Kaffee, *corto* oder *cortado*, und nicht selten

Sevilla

Barcelona

ist der Tapeo des Vorabends Gesprächsstoff mit dem Nachbarn.

Nun hat Spanien mehr als ein gutes Dutzend regionaler Küchen mit starker, eigenständiger Prägung zu bieten, die ausnahmslos von der Verfügbarkeit der frischen Produkte für die jeweiligen Rezepte bestimmt werden. Im Nordwesten Spaniens, in Galicien, wo die Wiesen grün sind, gibt es köstliche Kalbfleischgerichte, die im Süden, in Andalusien, so gut wie unbekannt sind. In Asturien, wo das Klima Weinbau nicht zuläßt, wird *sidra*, Apfelwein, produziert. Asturien ist auch für die *fabada*, die legendäre Bohnensuppe, und den *queso cabrales*, einen köstlichen Blauschimmelkäse, berühmt. Das Baskenland gilt als gastronomische Hochburg Spaniens, obwohl die Katalanen den Basken auf den Fersen sind. Fischspezialitäten wie *changurro*, gefüllte Krebse, Fischsuppen und *anguilas a la bilbaina*, Babyaale in Knoblauchöl, prägen die Fischküche des Nordens. Im Süden, vor allem in Andalusien, sind es Gambas, Kaisergranat und *chanquetes*, die kleinen fritierten

Sevilla

Fische, die in Sevilla besser sind als irgendwo anders in Spanien.

Die längste Küste aller europäischen Staaten bringt eine Vielzahl von Fischen und Meeresfrüchten auf den Speiseplan. Kombiniert mit regionalen Produkten, wie zum Beispiel Reis in und um Valencia, entstehen daraus Spezialitäten wie die *paella*, die in dieser Kombination ein typisches Essen der Levante ist, obwohl sie sich mittlerweile an der ganzen Mittelmeerküste großer Beliebtheit erfreut.

Die Verfügbarkeit der frischen Zutaten ist immer Ausgangspunkt für die regionale und saisonale Küche. Das ist uns auf der Tapa-Reise, die uns durch viele Städte und Regionen Spaniens geführt hat, aufgefallen. Immer wieder waren wir überrascht von der Vielfalt und Frische der Produkte in den Tapa-Bars, Tascas, Bodegas und Restaurants, wo wir für dieses Buch Informationen, Inspirationen und natürlich auch Rezepte gefunden haben.

Barcelona

TAPAS UND SHERRY

Der Ursprung der Tapa ist ohne Frage in Andalusien zu suchen und eng verbunden mit dem Sherry. Es kann als gesichert gelten, daß das Stück Brot, die Scheibe Schinken oder *cana de lomo*, die als ›Deckel‹ über das Sherryglas gelegt wurde, um lästige Fliegen fernzuhalten, aber auch, um das wunderbare Aroma im Glas zu bewahren, der Ursprung der Tapa-Kultur in Spanien ist, die sich nach und nach über das ganze Land verbreitet hat. Hinzu kam natürlich die Bereitschaft der Spanier, sich an eine Theke zu lehnen und sich bei einem kleinen Imbiß und einem Glas Sherry mit Freunden, Bekannten, Fremden, Reisenden, der Familie oder dem Wirt

Barcelona

Sevilla

über dies und das zu unterhalten und dabei auch gerne die Zeit aus dem Auge zu verlieren. Kurzum – die Tapa traf auf die Spanier und umgekehrt. Da hatten sich zwei gesucht und gefunden; es wurde eine lange Freundschaft, die Jahrhunderte überdauert hat und in den letzten Jahren immer beliebter bei der Jugend wird, die vor allem an den Wochenenden dem *tapeo* frönt.

Angefangen hat das Ganze also mit einem trockenen Sherry, einer Scheibe Brot, Schinken oder Wurst, und so ist es heute noch. Wenn man nach einigen Tapas in einer Bar verlangt, wird zunächst einmal Brot bzw. Stangenbrot in Scheiben geschnitten und neben den Sherry oder den Wein gestellt. Brot, das natürlich heute niemand mehr auf das Glas legt, sondern vor, mit oder nach den Tapas, die er bestellt hat, ißt. Oft bekommt man auch ein Brot mit Olivenöl, Tomate und Salz, manchmal auch mit Knoblauch eingerieben.

Pulpo a la gallega

Pamplona

TAPA-REZEPTE

ALMENDRAS SALADAS

GESALZENE MANDELN

Neben den Oliven sicher eine ›Basis-Tapa‹ zum Sherry. Sie sollten die Mandeln unbedingt selber zubereiten. Sorgfältig zubereitete Salzmandeln sind eine geschmackliche Offenbarung gegenüber den Fertigprodukten, die sich genauso nennen. Natürlich spielt die Qualität der Mandel eine große Rolle. Nehmen Sie die unregelmäßige spanische Mandel, die nicht so schön aussieht wie die kalifornische und auch schwieriger zu schälen ist. Sie ist unvergleichlich im Geschmack.

Zubereitung:
Die Mandeln kurz in siedendes Wasser geben (10 bis 15 Sekunden), dann schälen. Auf einem Küchentuch über Nacht trocknen lassen.

Olivenöl 3 cm hoch in einer gußeisernen Pfanne erhitzen, es darf nicht rauchen. Die Mandeln darin leicht goldbraun fritieren. (Vorsicht! Sobald die Mandeln Farbe annehmen, herausnehmen. Die Mandeln dunkeln nach.)

Auf Küchenpapier abtropfen lassen und mit einem Küchentuch abreiben. Mit grobem Salz bestreuen.

Madrid

MIGAS

GERÖSTETE WEISSBROTWÜRFEL

Migas sollten auf keinem Tapa-Buffet fehlen. Sie sind sehr einfach zuzubereiten und auch passend zum Aperitif.

5 bis 6 dicke Scheiben Weißbrot, nicht ganz frisch, ohne Rinde
100 g durchwachsener geräucherter Speck
2 Knoblauchzehen, feingehackt

Pamplona

1 Teelöffel Paprikapulver, edelsüß
1 Chilischote, entkernt und feingeschnitten
Olivenöl
Salz

Das Weißbrot in Würfel schneiden. In eine Schüssel geben und mit Wasser aus einem Zerstäuber besprühen, bis das Brot von allen Seiten benetzt, aber nicht feucht ist. Das Paprikapulver gleichmäßig zwischen dem Brot verteilen und gut durchschütteln. Die Schüssel zudecken und zwei Stunden zur Seite stellen. In einer gußeisernen Pfanne Olivenöl erhitzen und den gewürfelten Speck darin langsam auslassen. Knoblauch und Chilischote dazugeben. Kurz danach die Weißbrotwürfel in die Pfanne geben und unter ständigem Rühren gleichmäßig bräunen.

San Sebastián

PAN CON ACEITE Y TOMATE

BROT MIT ÖL UND TOMATE

Weißbrot oder Mischbrot, in mindestens 1 cm dicke Scheiben geschnitten, frisch oder getoastet, je nach Geschmack mit einer Knoblauchzehe eingerieben, mit Olivenöl beträufelt, mit einer halbierten Tomate eingerieben und mit Salz bestreut.

Das allein ist – mit eiskaltem Fino, Manzanilla oder Oloroso-Sherry und einigen Freunden – schon ein abendfüllendes Programm.

Dieses *pan con aceite y tomate* sollte bei keinem Tapa-Buffet fehlen.

Pan con aceite y tomate

Barcelona

Dazu passen natürlich alle möglichen Schinken- und Wurstwaren, in Scheiben oder handliche Stücke geschnitten. Oliven sind die natürliche Ergänzung dieses Angebotes. Neben grünen und schwarzen, dicken und dünnen, gefüllten und nicht gefüllten, gesalzenen und eingelegten sind die marinierten Oliven appetitanregend und an sich schon ein guter Begleiter zu einem Glas Fino.

Pamplona

BOLLOS DE CUAJADA

FRISCHKÄSEKUGELN

Ausnahmsweise eine nicht salzige Tapa, die ihren Ursprung in Asturien hat, aber in abgewandelter Form, nicht fritiert und mit Honig beträufelt, auch in Katalonien bekannt ist. Basisprodukt ist immer Frischkäse oder Joghurt oder eine Mischung von beiden. Die Milch kann vom Schaf oder von der Kuh kommen. Man darf hier variieren. Das Basisrezept:

1 kg Frischkäse
8 Eier
1 Zitrone, unbehandelt
Olivenöl
Muskatnuß
Mehl

Den Frischkäse mit den Eiern, der abgeriebenen Zitronenschale, einer Prise Muskatnuß und 50 g feingesiebtem Mehl zu einer Masse verarbeiten. In einem Topf Olivenöl erhitzen, bis es raucht. Aus der Käsemasse gleichgroße Kugeln von 3 bis 4 cm Durchmesser formen und in dem heißen Fett ausbacken. Ein Sherry Oloroso paßt wunderbar dazu.

ALMEJAS AL JEREZ

VENUSMUSCHELN IN SHERRY

Für 500 g Venusmuscheln (1 Netz) benötigt man:

1 große, weiße Gemüsezwiebel
1 große, reife Tomate
2–3 Knoblauchzehen
2 Fäden Safran
Glatte Petersilie, feingehackt
0,1 cl Sherry Dry Fino
Olivenöl
Salz (auch Meersalz)
Weißen Pfeffer aus der Mühle

Die Venusmuscheln unter fließendem Wasser gründlich waschen. Die große, reife Tomate schälen, halbieren, Kerne und flüssiges Fruchtfleisch durch ein feines Sieb in ein kleines Gefäß geben und die beiden Safranfäden hinzufügen. Zur Seite stellen. Das Fleisch der Tomate in kleine Würfel schneiden. Die Zwiebel schälen und feinhacken.

Den Boden einer schweren Kasserolle oder einer hochwandigen Pfanne mit Olivenöl bedekken und auf großer Flamme erhitzen. Die Knoblauchzehen zwischen Daumen und Zeigefinger mit der Wurzel nach unten aufdrücken und in das Öl geben. Kurz vor dem Siedepunkt zunächst die gehackte Zwiebel und wenig später die Tomatenwürfel hinzugeben und anschwitzen.

Die Venusmuscheln hineingeben. 2 bis 3 Minuten unter ständigem Rühren angaren. Die Fruchtflüssigkeit der Tomate mit den Safranfäden hinzugeben. Nach einer weiteren Minute

La Coruña

Barcelona

mit Sherry ablöschen und je nach Muschelgröße 5 bis 7 Minuten köcheln lassen. Muscheln, die sich unter der Hitzeeinwirkung nicht öffnen, entfernen. Salzen, pfeffern und kurz vor dem Servieren die gehackte Petersilie hinzugeben.

Dazu passen natürlich am besten frisches Weißbrot und eisgekühlter trockener Sherry.

CANADILLAS CON VINAGRE

MEERESSCHNECKEN IN MARINADE

Canadillas sind die großen, stacheligen Meeresschnecken, die sich aufgrund ihrer Größe und ihres ausgezeichneten, vollen Geschmacks großer Beliebtheit an den Küsten Spaniens erfreuen. Dieses Rezept läßt sich mit Meeresschnekken oder auch mit Venusmuscheln zubereiten.

24 große Meeresmuscheln oder -schnecken
1 große, trockene Chilischote, Samenkörner entfernen

San Sebastián

Ein gutes Dutzend zerstoßene
weiße Pfefferkörner
1 Teelöffel Koriandersamen, gebrochen
1 Lorbeerblatt, im Mörser zerstampft
0,5 l Sherryessig

Die Meeresschnecken unter fließendem Wasser gründlich waschen. Je nach Größe 20 bis 30 Minuten kochen. Erneut waschen.

Die Chilischote halbieren und die Kerne entfernen, dann feinhacken und mit den Pfefferkörnern, den Koriandersamen und dem Lorbeerblatt in den Sherryessig geben. Diese Marinade über Nacht stehenlassen. Die Marinade über die nach dem Kochen gewaschenen, noch lauwarmen Meeresschnecken geben und mehrmals untermengen. Auskühlen lassen und zu eiskaltem trockenen Sherry servieren.

La Coruña

Barcelona

San Sebastián

GAMBAS AL AJILLO

GAMBAS MIT KNOBLAUCH

Ursprünglich kommt dieses Rezept aus Asturien, genauer gesagt, Kantabrien, aber die besten Gambas al Ajillo gab es auf unserer Reise in Sevilla. Das Rezept kennt wenige Variationen, mal mehr Knoblauch, mal weniger Chili, mit gehackter Petersilie oder ohne. Ein Klassiker, der in vielen Tapa-Bars zu finden ist. Das Rezept:

500 g frische, kleine Gambas
1 rote Chilischote
5 Knoblauchzehen, geschält und gestiftelt
Olivenöl
Meersalz
Schwarzer Pfeffer aus der Mühle
Glatte Petersilie, feingehackt

Die Gambas aus der Schale lösen, den Darm entfernen. Die rote Chilischote der Länge nach aufschneiden, die Kerne entfernen und in dünne Halbringe schneiden. Den Boden einer gußeisernen Pfanne mit Olivenöl einen Zentimeter hoch bedecken und die Pfanne stark erhitzen (das Öl darf nicht rauchen, sollte aber so heiß wie möglich sein). Knoblauch, Chili und die Gambas zusammen in das heiße Olivenöl geben (dazu macht sich auch ein Lorbeerblatt gut) und unter ständigem Rühren mit einem Holzlöffel 2 Minuten scharf garen. Die gehackte Petersilie kurz vor dem Servieren hinzugeben. Ein kalter trockener Sherry gehört dazu.

Madrid

GAMBAS REBOZADAS

GAMBAS IM TEIGMANTEL

Ein Tapa-Klassiker von der Levante, der sich in ganz Spanien durchgesetzt hat und nun überall zu finden ist. Das Rezept ist einfach, lediglich der Ausbackteig variiert. Es muß nicht erwähnt werden, daß es dutzende ›Geheimrezepte‹ für diese Spezialität gibt, die vor allem zwei Eigenschaften haben sollte: möglichst lange knusprig und innen saftig bleiben. Die schmackhaftesten Gambas haben wir in Palma de Mallorca probiert, und nach einigem Hin und Her und Nachfragen hat uns der Wirt verraten, daß sein Geheimnis die Fertigteigmischung einer Supermarktkette ist. Soll man das glauben?!

Das Rezept eines Ausbackteigs, der uns ebenfalls sehr überzeugt hat, kommt aus Pamplona:
12 mittelgroße, frische Gambas für Sekunden in siedendes Wasser tauchen. Kopf und Rücken-

San Sebastián

LA GITANA

panzer sowie die Beine entfernen, so daß nur die Schwanzflosse bleibt. Auf Küchenpapier trockentupfen.

Ausbackteig:

100 g Mehl, Type 405
0,1 l Bier
Olivenöl
Salz
Weißer Pfeffer aus dem Streuer
1 Eiweiß

Das Mehl in eine Schüssel sieben. Reichlich salzen und pfeffern. Das Bier, mit der gleichen Menge Wasser erwärmt, und zwei Eßlöffel Öl nach und nach mit einem Schneebesen in das Mehl rühren, bis ein glatter, sämiger Teig entsteht. Das Eiweiß aufschlagen und kurz vor Gebrauch unterziehen. Den Teig in eine große, hohe Tasse füllen, die Scampi an der Schwanzflosse in den Teig tauchen und sofort in das siedende Olivenöl geben. Goldbraun ausbacken und auf Küchenpapier abtropfen lassen. Mit Zitronenvierteln garnieren und zu einem trockenen Sherry servieren.

PULPO A LA GALLEGA

KRAKE MIT PAPRIKAPULVER GALLEGO-ART

Vielleicht die interessanteste und schmackhafteste Art, Krake zuzubereiten – als Tapa oder Vorspeise sehr beliebt.

1 kleiner Pulpo, 750–1500 g
Grobes Meersalz
Olivenöl, erste Pressung
Scharfes Paprikapulver
Edelsüßes Paprikapulver

Den Pulpo säubern, Eingeweide, Tintenbeutel, Kopf und Maul entfernen und die Haut abziehen. Sollten Sie das noch nie gemacht haben, lassen Sie es sich auf dem Großmarkt oder in einem Fischfachgeschäft zeigen. Den so vorbereiteten Pulpo mit der glatten Breitseite eines Fleischklopfers weichschlagen, ohne die Saugnäpfe zu zerstören. In einem großen Topf 3 bis 5 Liter Wasser (ohne Salz oder andere Zutaten) zum Kochen bringen, bis es sprudelt. Die Krake mit den Fangarmen nach unten an einen Kochlöffel hängen und mehrmals kurz hintereinander ganz in das sprudelnde Wasser eintauchen, dann in das Kochwasser gleiten lassen und etwa 45 Minuten kochen. Den Topf mit dem Pulpo vom Feuer nehmen und mindestens 10 Minuten zur Seite stellen.

Den Pulpo herausnehmen und mit Messer oder Schere in Scheiben schneiden. Auf einem vorgewärmten Teller anrichten. Mit edelsüßem sowie scharfem Paprikapulver gleichmäßig bestreuen und grobes Meersalz darübergeben. Sofort servieren. Der Pulpo kann in dem Kochwasser warmgehalten werden.

Gekochte Kraken warten auf Kunden La Coruña

Pamplona

Sevilla

Canapées, wie sie im Norden beliebt sind

CHOCOS CON HABAS

TINTENFISCH MIT JUNGEN DICKEN BOHNEN

Chocos sind besonders zarte und schmackhafte Tintenfische, die an der andalusischen Atlantikküste gefischt werden. Dort kommt das Rezept her; es läßt sich aber auch mit kleinen Tintenfischen nachkochen, die die Bezeichnung ›Chocos‹ nicht tragen oder sogar tiefgefroren sind. *Chocos con habas* ist so etwas wie das andalusische Pendant zu den *fabas con almejas*, den weißen Bohnen mit Venus- oder Herzmuscheln aus dem Norden Spaniens. Überhaupt gelingt den Spaniern die Kombination von Meeres- und Hülsenfrüchten sehr schmackhaft.

500 g Tintenfische, geputzt
6 Knoblauchzehen, 4 davon in der Schale
300 g dicke Bohnen, ausgelöst
1 Zweig Majoran
1/4 l Fischbouillon oder Brühe (Geschmackssache)
Salz
Weißer Pfeffer aus der Mühle

Die Tintenfische samt den Fangarmen in Portionsstücke schneiden. In einer Kasserolle Olivenöl erhitzen und zunächst die vier Knoblauchzehen in der Schale hineingeben. Die restlichen zwei Zehen schälen und in Scheiben schneiden. Kurz vor den Tintenfischstücken in das heiße Öl geben. Ungefähr 8 Minuten den Tintenfisch andünsten, dann die ausgelösten Bohnen hinzufügen. Kurz danach mit der Bouillon oder Brühe aufgießen. Bei geschlossenem Deckel etwa 20 Minuten köcheln lassen. Bei Bedarf Flüssigkeit dazugeben. Die Blätter vom Majoranzweig nach der Hälfte der Garzeit hineingeben. Mit Salz und dem weißen Pfeffer aus der Mühle abschmecken.

BOQUERONES EN VINAGRE

MARINIERTE SARDINEN

Ursprünglich aus der Levante, sind die Boquerones seit langem in ganz Spanien eine Standard-Tapa. Sie stehen in jedem Fischhandel zum Verkauf, und auch die Stockfisch-Stände auf spanischen Märkten führen oftmals die in kleinen Plastiktönnchen kreisförmig aufgeschichteten Sardinen in Marinade. Es muß nicht erwähnt werden, daß frisch zubereitete Boquerones eine wirkliche Delikatesse sind und die Fertigprodukte da nicht mithalten, obwohl sie auch durchaus schmackhaft sein können. Das Rezept erfordert etwas Geduld und Geschicklichkeit, aber der Aufwand lohnt sich.

Ausnahmsweise sind die Zutaten hier für 8 Personen berechnet, denn die Boquerones bleiben Tage, ja Wochen im Kühlschrank frisch.

1 kg frische Sardinen
1 Knoblauchknolle (12–14 Zehen)
1 Bund glatte Petersilie
Meersalz, mittlere Körnung
Olivenöl, kalt gepreßt
Sherryessig
Schwarzer Pfeffer aus der Mühle

Die Sardinen zunächst waschen, dann mit einem scharfen Küchenmesser den Bauch vom Schwanz bis zum Kopf aufschneiden, so daß das Rückenfleisch oberhalb der Gräten zusammenbleibt. Die Sardinen aufklappen und mit der Seite eines großen Küchenmessers flachdrücken. Mit dem Rücken des Messers nochmal über die Gräten fahren, die sich dann zusammen mit dem Kopf auslösen lassen. Unter fließendem kalten Wasser gründlich waschen, trockentupfen und mit der Seite des Küchenmessers erneut flachdrücken.

Die so vorbereiteten Sardinen in eine flache Schüssel mit der Innenseite nach oben schichten, nicht mehr als drei Sardinen übereinander. Etwa 0,2 l Sherryessig und 0,1 l Wasser mischen und die Sardinen damit marinieren, bis das Sardinenfleisch hell wird (max. 2 Stunden). Dann die Sardinen erneut unter fließendem, kaltem Wasser waschen, trockentupfen und jede einzeln durch Sherryessig und Wasser (im Verhältnis 1:1) ziehen und trockentupfen. Wieder in die Form schichten. Die Knoblauchzehen schälen und sehr fein hacken. Die grobgehackten Blätter der Petersilie mit Meersalz, Pfeffer und Olivenöl mischen und über die Sardinen geben, so daß sie bedeckt sind. Ein Sherry Fino ist die perfekte Begleitung.

BOQUERONES VICTORIANOS

AUSGEBACKENE SARDINEN

Mit *victorianos* sind hier nicht glorreiche oder siegreiche, sondern die kleinen, besonders schmackhaften Boquerones gemeint. Aber wie es oft ist, werden natürlich für die gebackenen Boquerones, die immer *victorianos* heißen, nicht immer die kleinen genommen – wo sollten sie auch alle herkommen. Jetzt heißt die Zubereitungsart so, und sie sind köstlich.

Wenn Sie für ein Tapa-Buffet Boquerones marinieren, dann können Sie ein oder zwei Dutzend – je nachdem wieviel Gäste Sie erwarten – abzweigen und sie ausbacken. Auch bereits marinierte Boquerones können noch fritiert werden, dann allerdings sollte man Mayonnaise oder Aioli dazu reichen, das rundet den Geschmack ab.

Mejrillones rebo zados, panierte Miesmuscheln a la marinera

50 Boquerones
2 Zitronen
Mehl
Olivenöl
1 Lorbeerblatt
Salz

Die Boquerones sorgfältig trockentupfen und leicht bemehlen. In einer gußeisernen Pfanne zwei Finger hoch Olivenöl erhitzen, bis es raucht. Das Lorbeerblatt hineingeben. (Wenn

Sie einige Flaschenkorken in das Öl geben, dann spritzt und schäumt es nicht so sehr.)

Die bemehlten Boquerones in dem Olivenöl ausbacken und auf Küchenpapier abtropfen lassen. Zitronenviertel dazu servieren und kalten trockenen Sherry.

SARDINAS CON TOMATE

SARDINEN MIT TOMATE

Diese Sardinen, wie man sie in Andalusien ißt, bekommen ein ganz besonderes Aroma durch den Knoblauch, der mit Orangenschale vermischt wird. Sehr eigenwillig, aber ganz sicher einen Versuch wert.

10 frische Sardinen
2 Knoblauchzehen
1 Orange, die Schale einer halben, unbehandelten Frucht
3 Tomaten, geschält und gewürfelt
1 Zitrone, etwas abgeriebene Schale
1/2 Bund glatte Petersilie
Olivenöl
2 cl trockener Sherry

Sevilla

San Sebastián

Die Sardinen unter fließendem Wasser ausnehmen. Kopf und Schwanzflossen entfernen und filetieren. Die Filets quer halbieren.

In einem Mörser die Knoblauchzehen mit der abgeriebenen Orangen- und Zitronenschale zerstoßen. In einer gußeisernen Pfanne Olivenöl erhitzen (mittlere Hitze) und die halben Sardinenfilets von beiden Seiten braten. Herausnehmen und im Backofen bei 60 Grad warmstellen.

Die Knoblauchmischung aus dem Mörser in die Pfanne geben und kurz anbraten. Mit dem Sherry ablöschen. Die geschälten und gewürfelten Tomaten hinzugeben. Ungefähr 10 Minuten bei kleiner Hitze schmoren.

Die Blätter von den Petersilienstielen zupfen und am Ende der Garzeit zu den Tomaten geben. Den Inhalt der Pfanne über die Sardinen vertei-

len. Gut gekühlter Don Fino paßt am besten zu dieser typisch andalusischen Tapa.

SARDINAS CON ALCAPARRAS

ÖLSARDINEN MIT KAPERN

Bei diesem Rezept handelt es sich um Ölsardinen (ohne Gräten) aus der Dose, die in Olivenöl eingelegt sind. Achten Sie unbedingt darauf, erstklassige Ware in *reinem* Olivenöl ohne Gewürzzusätze zu kaufen. (Es gibt die irreführende Formulierung, *mit* Olivenöl eingelegt, es muß jedoch heißen, *in* Olivenöl, also ohne andere Öle eingelegt.) Hier ist, wie meistens, der sorgfältige Einkauf der Zutaten für das Gelingen des Rezeptes von Bedeutung.

200 g Ölsardinen
1 Zitrone, unbehandelt
1 Zwiebel
5 Sardellen
50 g Kapern
50 g schwarze Oliven
Olivenöl
Salz
Schwarzer Pfeffer aus der Mühle

Madrid

Die Ölsardinen auf einem großen Teller mit zwei Gabeln auseinanderpflücken, salzen und pfeffern. Von der Zitrone die Schale abreiben. Die Sardellen mit der Breitseite eines großen Küchenmessers flachdrücken, feinhacken und mit dem Saft der Zitrone mischen. Den Zitronensaft mit den Sardellen gleichmäßig über die Ölsardinen verteilen. Mit der Hälfte der abgeriebenen Zitronenschale bestreuen. Mit den zwei Gabeln alles unterziehen. Die Zwiebel schälen, halbieren und in feine Halbringe schneiden. Zusammen mit den Kapern, den Oliven und den restlichen geriebenen Zitronenschalen über die Sardinen geben. Dann noch einmal mit schwarzem Pfeffer aus der Mühle, Salz und kaltgepreßtem Olivenöl abschmecken. Dazu paßt kühler Weißwein oder kalter trockener Sherry.

6
·Tinglado Moncho's·
MONCHOS
BUEY DE MAR
1570
SEPIONES PETIS PLANCHA
CALAMARCITOS PLANCHA
TALLARINAS
ROSELLONA
PULPO FEIRA
MEJILLONES
BOQUERONES DONOSTI
CALAMARES ROMANA
PESCADITO FRITO
TORTILLA DE CHORIZO
Y PEIX A LA

Barcelona

Madrid

ALBONDIGAS DE BACALAO

STOCKFISCHBÄLLCHEN

Eine außergewöhnliche Geschmackskombination mit arabischen Elementen. Für jedes Tapa-Buffet eine echte Überraschung.

Für die Bällchen:

300 g Stockfischfilet
1 Lorbeerblatt
1/2 l Milch
1 Becher Joghurt
1/2 Bund glatte Petersilie, feingehackt
2 Eier
50 g Paniermehl von Weißbrot
1 Prise Zimt
Weißer Pfeffer aus der Mühle

Für die Sauce:

3 Scheiben Weißbrot
0,1 l trockener Weißwein
0,2 l Brühe
2 Fäden Safran
30 g Mandeln
30 g Haselnüsse
4 Knoblauchzehen
Olivenöl

Barcelona

Barcelona

Die Stockfischfilets – falls noch nicht geschehen – häuten und entgräten, Bauchlappen und Flossenansätze abtrennen, in Würfel schneiden und mit dem Lorbeerblatt in reichlich Wasser einweichen. Das Wasser im Laufe des Tages mehrmals wechseln. Dann die Stockfischwürfel in $^1/_4$ l Milch und dem Joghurt über Nacht stehen lassen. Am nächsten Tag unter fließendem Wasser waschen. Den Stockfisch mit der gehackten Petersilie, einer Prise Zimt, zwei Eiern, weißem Pfeffer aus der Mühle, $^1/_4$ l Milch und dem Paniermehl in einer Küchenmaschine zu einer glatten Masse verarbeiten. Daraus kleine Bällchen von ca. 3 cm Durchmesser formen. In einer gußeisernen Pfanne mit reichlich Olivenöl goldbraun ausbacken.

Für die Sauce Haselnüsse und Mandeln in dem Öl goldbraun anbraten. Die Brotscheiben in derselben Pfanne goldbraun anrösten. Die Knoblauchzehen in einem Mörser fein zerstoßen. Nun die Nüsse, den Knoblauch, das Weißbrot mit der Brühe, dem Weißwein und den Safranfäden in derselben (nicht gesäuberten) Küchenmaschine durchmixen und anschließend die Sauce in der gußeisernen Pfanne zum Sieden bringen. In eine Ton- oder Auflaufform geben und mit den Stockfischklößchen in einem auf 140 Grad vorgeheizten Backofen 15 bis 20 Minuten ziehen lassen.

Kaufen Sie nur beste große Stockfischfilets ein. Nur große Filets garantieren einen einwandfreien, nicht tranigen Geschmack nach nur 24 Stunden Einweichen.

SARDINAS A LA SANTANDERINA

PANIERTE SARDINEN SANTANDER-ART

In Spanien, dem Land mit der längsten Küste Europas, weiß man mit Fisch umzugehen, und selbst kleine Tapa-Rezepte sind für geschmackliche Überraschungen gut. Die – oft zu Unrecht – verschmähte Sardine kommt bei dieser Zubereitung zu kulinarischen Tapa-Ehren.

La Coruña

500 g frische Sardinenfilets
(ca. 1 kg frische Sardinen)
1 Bund glatte Petersilie, feingehackt
3 Knoblauchzehen, sehr fein gehackt
100 g Paniermehl aus trockenem Weißbrot
2 Zitronen
Salz
Olivenöl

Die Sardinen filetieren, sorgfältig säubern und mehrmals mit einem Küchentuch trockentupfen, um sicher zu sein, daß sie ganz trocken sind.

Das Paniermehl mit den feingehackten Knoblauchzehen und der Petersilie vermischen. Die Sardinenfilets zunächst in Olivenöl, dann in der Panade wenden. Eine feuerfeste Backform leicht einölen und die panierten Sardinen nebeneinander auf dem Boden anordnen. In einem auf 180 Grad vorgeheizten Backofen mit Oberhitze zunächst von der einen Seite, dann von der anderen anbräunen lassen. Eine Zitrone in Scheiben schneiden – zur Dekoration. Die andere Zitrone in Achtel schneiden, um die Sardinen mit dem Saft zu würzen. Trockenen Weißwein oder eiskalten trockenen Sherry dazu servieren.

MERLUZA A LA SIDRA

SEEHECHT MIT APFELWEIN

Das Rezept aus dem Baskenland wird auch gerne mit Seeteufel oder Kabeljau zubereitet. Kabeljau eignet sich als Tapa nicht so gut, da Seehecht oder Seeteufel bessere Portionsstücke abgeben. Gerne wird der Fisch auch in Würfeln auf kleine Spießchen gereiht: *pinchitos de merluza a la sidra.*

500 g Seehecht oder Seeteufel
1 kleine Zwiebel, feingehackt
2 Fäden Safran

La Coruña

2 Eier
0,2 Liter Apfelwein oder Cidre
Mehl
Olivenöl
Salz
Weißer Pfeffer aus der Mühle

Palma

Den Fisch in Portionsstücke schneiden, in Mehl und den verquirlten Eiern wälzen. In einer Kasserolle in Olivenöl ausbacken und zur Seite stellen.

Den Boden einer gußeisernen Pfanne mit Olivenöl bedecken, erhitzen und die feingehackte Zwiebel andünsten. Die Safranfäden hinzugeben und mit dem Apfelwein ablöschen. Einmal aufkochen lassen und dann die fritierten Fischstückchen hineingeben. Fünf Minuten bei mittlerer Hitze garen lassen. Dazu kühlen Apfelwein servieren oder Sherry Amontillado, leicht gekühlt.

San Sebastián

RAPE A LA GALLEGA

SEETEUFEL GALICISCHE ART

Die Galicier sind in ganz Spanien für die eigenwillige Art bekannt, mit der sie Fisch gekonnt und köstlich zubereiten. In einem ›Restaurante Gallego‹ ist man in der Regel gut aufgehoben, egal ob in La Coruña, Valencia oder Madrid. Hier ein typisches Tapa-Rezept *a la gallega:* sehr eigenwillig und sehr schmackhaft.

400 g Seeteufel, Filets von 2 cm Dicke
4 große Kartoffeln, festkochend
1 Zwiebel
2 kleine Lorbeerblätter
Sherryessig

1 Zwiebel
3 Knoblauchzehen, geschält und in Scheiben geschnitten
1 kleines Lorbeerblatt
1 Teelöffel süßes Paprikapulver
1/2 Teelöffel scharfes Paprikapulver
Sherryessig
Olivenöl
Salz
Pfeffer aus der Mühle

Zunächst die geschälten Kartoffeln mit reichlich Wasser zum Kochen bringen. Nach etwa 10 bis 12 Minuten Kochzeit die Seeteufelfilets, die zwei kleinen Lorbeerblätter und die in Ringe geschnittene Zwiebel mit in das Kartoffelwasser geben und 5 Minuten mitkochen. Zum Schluß einen Schuß Sherryessig in das Kochwasser geben und abgießen.

In einer gußeisernen Pfanne Olivenöl erhitzen (der Boden sollte gut bedeckt sein). Die Knoblauchscheiben und die Scheiben der dritten, frischen Zwiebel goldbraun anbraten. Die Seeteufelfilets dazugeben.

Währenddessen die etwas abgekühlten Kartoffeln in dicke Scheiben schneiden und mit den gekochten Zwiebelringen in die Pfanne geben. Alles vorsichtig bräunen. Mit dem süßen und dem scharfen Paprikapulver würzen. Salzen und pfeffern. Ein bis zwei Eßlöffel Sherryessig dazu. Das ist der Geschmack *a la gallega* – außergewöhnlich. Dazu ein trockener Weißwein oder ein kalter trockener Sherry.

PINCHITOS DE RAPE

SPIESSCHEN VOM SEETEUFEL (LOTTE)

Dieses schmackhafte, schnelle Fischgericht kann auch mit anderen Festfleischfischen, wie z. B. Schwertfisch oder Thunfisch, zubereitet werden. Es können auch zwei oder mehrere Fischsorten gemischt werden. Besonders beliebt sind diese Pinchitos in Strandrestaurants, wo sie an heißen Sommertagen mit einem Glas trockenem Sherry Don Fino oder einem leichtem Weißwein eine ideale Tapa sind.

300 g Seeteufel
(ausreichend für 8–10 Spießchen)
1 rote Paprika
1 grüne Paprika

Für die Marinade:

1 Zitrone
2 Knoblauchzehen, geschält und feingehackt
1 Teelöffel Kreuzkümmel

San Sebastián

Puerto Olimpico Barcelona

Reis wird in eine Paella eingestreut Madrid

Madrid

Olivenöl
Salz
Weißer Pfeffer aus der Mühle

Von den Paprikaschoten Deckel und Boden abschneiden, Kerngehäuse entfernen und sie so zuschneiden, daß sie später mit den gewürfelten Seeteufelstückchen in etwa gleicher Größe auf die Spießchen passen. Die Spießchen nach Belieben variieren.

Für die Marinade den Saft einer kleinen oder einer halben Zitrone mit den feingehackten Knoblauchzehen, Kreuzkümmel, Pfeffer aus der Mühle, Salz und Olivenöl verrühren. Die Spießchen an einem kühlen Ort mindestens 2 Stunden in der Marinade ziehen lassen. Trockentupfen, bevor sie auf einem heißen Grill oder in einer Grillpfanne kurz von allen Seiten gegrillt werden. Direkt servieren.

Anmerkung: Schneiden Sie die Paprika leicht schräg nach unten von der Haut weg, dann vermeiden sie das schnelle Anbrennen der Schnittstelle auf dem Grill.

CAZON EN AMARILLO

GELBER HAIFISCH

Bei dieser Zubereitungsart aus dem Süden Spaniens kann der Haifisch zwar durch Thunfisch oder Schwertfisch ersetzt werden, aber es entfaltet sich mit dem Haifischfleisch ein sehr eigenständiger Geschmack, der diese Zubereitungsart speziell für Hai geeignet scheinen läßt. Haifisch ist in den Fischgeschäften längst keine Seltenheit mehr. Fragen Sie nach!

500 g Haifisch, gesäubert
300 g Gemüsezwiebeln
2 Knoblauchzehen
4 Fäden Safran
1 Zitrone
Salz
Weißer Pfeffer aus der Mühle

Die Zwiebeln schälen, würfeln und in einer Kasserolle mit Olivenöl glasig schmoren. Die Knoblauchzehen und die Safranfäden in einem Mörser zerstampfen und zu den Zwiebeln geben. Den Fisch in große Würfel schneiden und nach ca. 15 Minuten zu den Zwiebeln, dem Knoblauch und dem Safran dazugeben. Wenn nötig, mit etwas Wasser aufgießen. Bei geschlossenem Deckel, je nach Größe der Fischwürfel, 10 bis 15 Minuten garen lassen. Kurz vor dem Servieren den Saft einer Zitrone hineingeben. Kalter trockener Sherry gehört dazu.

Palma

ALBONDIGAS

FLEISCHBÄLLCHEN

500 g Hackfleisch: 350 g Rind, 150 g Schwein
1 große Gemüsezwiebel
6 Knoblauchzehen
2 Eier
1 trockenes Brötchen (oder Brot)
Glatte Petersilie, feingehackt
4 cl trockener Sherry Fino
Olivenöl
Salz
Schwarzer Pfeffer aus der Mühle
Lorbeerblatt
Mehl

Das trockene Brötchen in warmem Wasser einweichen. Die Zwiebel und zwei Knoblauchzehen feinhacken und in einer Pfanne mit wenig Olivenöl kurz andünsten. Mit dem Sherry ablöschen und zur Seite stellen.

Das Hackfleisch mit den beiden Eiern und dem eingeweichten, ausgedrückten Brot gut mi-

Madrid

schen und mehrmals durchkneten. Dann die Zwiebel und den Knoblauch aus der Pfanne nehmen und die feingehackte Petersilie untermischen. Salzen und pfeffern. Aus der Masse walnußgroße Bällchen formen und leicht bemehlen. In einer gußeisernen Pfanne Olivenöl erhitzen und mit vier zerdrückten Knoblauchzehen auf Temperatur bringen. Ein Lorbeerblatt in das Öl geben und die Albóndigas von allen Seiten braun braten. Teilweise werden die Albóndigas mit Tomaten- oder brauner Sauce serviert.

Sevilla

PINCHITOS MORUNOS

MAURISCHE FLEISCHSPIESSCHEN

Eine typisch andalusische Tapa, dort gibt es diese Pinchitos an jeder Ecke. Sogar eine Fertiggewürzmischung - sehr außergewöhnlich in Spanien - wird für die Pinchitos angeboten. Die Fleischspießchen haben Tapa-Format; es sind meistens nur zwei bis drei, maximal vier Fleischwürfel auf einem Spieß. Oft handelt es sich um große, flache spanische Zahnstocher, die so aussehen, als sei jeder handgeschnitzt. Meistens wird Schweinefleisch für die Spieße genommen, manchmal auch Lamm. Bei einem Tapa-Buffet können Sie variieren. Die Marinade ist für beide Fleischsorten gleich.

Pamplona

400 g Schweineschulter oder Lammkeule
in ca. 2 cm große Würfel geschnitten

Für die Marinade:
4 Knoblauchzehen
2 cl Olivenöl
1 Zitrone
1 Teelöffel Koriander

1 Prise Kreuzkümmel
1 Teelöffel Paprikapulver
1 Prise getrockneter Thymian, zerrieben
Salz
Weißer und schwarzer Pfeffer
aus der Mühle

Die geschälten Knoblauchzehen mit der Breitseite eines großen Küchenmessers flachdrükken und dann feinhacken. Mit dem Olivenöl, dem Saft einer halben Zitrone (die andere Hälfte in Scheiben schneiden), Koriander, Kreuzkümmel, Paprikapulver, Thymian, Salz und Pfeffer zu einer Marinade verrühren. Das Fleisch gewürfelt in die Marinade geben. Möglichst über Nacht stehenlassen.

Die marinierten Fleischwürfel sehr eng aneinander aufspießen, so daß nach dem Grillen zwischen den Fleischwürfeln noch frische Marinade ist. Das macht den typischen Geschmack der Pinchitos aus, die von jeder Seite gut eine Minute gegrillt werden müssen.

Den würzig-scharfen Geschmack der Pinchitos löscht man am besten mit einem eiskalten Fino.

MONGETES CON BUTIFARRA

WEISSE BOHNEN MIT METTWURST

Die kleinen, gut gewürzten, etwas getrockneten Mettwürste erfreuen sich bei den Katalanen großer Beliebtheit. Sie sind sozusagen das nördliche Gegenstück zur andalusischen Chorizo. Sowohl die Butifarra als auch die Chorizo werden in den einfachsten Formen – ganz gegrillt oder in Stücken angebraten – als Tapa und gerne auch als Appetizer in typischen Restaurants der jeweiligen Regionen angeboten. Unter den vielen Tapa-Rezepten mit Butifarra ist sicher das mit weißen Bohnen eines der bekanntesten.

Je nach Größe 4 bis 8 feste Mettwürste
250 g kleine weiße Bohnen
(mit einem Lorbeerblatt und einem Zweig Majoran gekocht bzw. bei bereits abgekochter Ware entsprechend nachgewürzt)
4 Zweige glatte Petersilie, die Blätter gehackt
Olivenöl
Mehl
Salz
Schwarzer und weißer Pfeffer aus der Mühle

Die kleinen, festen Mettwürste in fingerdicke Scheiben schneiden, größere entsprechend halbieren oder vierteln. Von allen Seiten bemehlen. In einer gußeisernen Pfanne Olivenöl erhitzen. Die Wurstscheiben von allen Seiten scharf anbraten. Falls vorgekochte weiße Bohnen verwendet werden, diese mit einem zerdrückten Lorbeerblatt, einem Zweig Majoran und einer in Scheiben geschnittenen, geschälten Knoblauchzehe würzen.

Einen Eßlöffel der gekochten Bohnen mit einer Gabel kleindrücken, die Pfanne vom Feuer nehmen, die zerdrückten Bohnen in die Pfanne einrühren und mit ein wenig Wasser oder Brühe ablöschen. Die restlichen Bohnen in die Pfanne geben und bei milder Hitze alles durchschwenken. Die gehackte Petersilie hinzufügen, mit weißem und schwarzem Pfeffer abschmecken und servieren.

LOMO EN ADOBO

MARINIERTES SCHWEINEFILET (VOM GRILL)

Kurzgebratenes Schweinefleisch, pikant gewürzt, ist als Tapa für den Mittag beliebt und kann als *ración* (größere Portion) das Mittagessen ersetzen. In vielen spanischen Metzgereien liegen marinierte Schweinefilets in der Vitrine, die gerne gekauft werden. Auch kleine Schnitzel, aus dem Kotelettstück geschnitten, leicht pikant gewürzt und kurz auf den Grill gelegt – als *bocadillo* (belegtes Brötchen) heißt das dann *pepito de lomo* – sind in Spanien sehr beliebt. Dazu einige kräftig und würzig eingelegte Oliven.

Pamplona

350 g Schweinefilet

Für die Marinade:

2 Knoblauchzehen, geschält
1 Zweig Majoran, oder getrockneter Oregano
1 Zweig Thymian
1 Lorbeerblatt
1 Teelöffel süßer Rosenpaprika
1/2 Teelöffel scharfes Paprikapulver
Salz
Olivenöl
Schwarzer Pfeffer aus der Mühle

In einem Mörser die Knoblauchzehen mit einem Teelöffel Salz zerstoßen. Majoran, Thymian, Lorbeerblatt, süßen Rosenpaprika und scharfes Paprikapulver hinzugeben. Alles noch einmal im Mörser durcharbeiten. Zum Schluß schwarzen Pfeffer aus der Mühle und einen Schuß Olivenöl hinzugeben.

Die Schweinefilets mit der Marinade von allen Seiten einstreichen und in Folie möglichst über Nacht im Kühlschrank ziehen lassen.

Am nächsten Tag die Schweinefilets in 1 cm dicke Medaillons schneiden und kurz von beiden Seiten auf dem Grill oder in der Grillpfanne garen. Die Pfanne oder der Grill muß immer ganz heiß sein, nur so zieht das Aroma der Marinade ins Fleisch. Sofort mit oder auf frischem Weißbrot servieren. Einige grüne Oliven und ein kalter Sherry Fino runden diesen Genuß ab.

Gebratene Chorizos

Barcelona

RABO DE BUEY ESTOFADO

GESCHMORTER OCHSENSCHWANZ

Ein andalusischer Klassiker, der jedoch nicht oft angeboten wird, da die Zubereitung aufwendig ist und am Vortag erfolgen sollte, denn nur aufgewärmt ist dieses Gericht nicht zu übertreffen. Oft wird es an Markttagen oder bei Festen angeboten. In manchen Tapa-Bars einmal in der Woche. Sollten Sie den Ochsenschwanz auf der Tapa-Karte sehen und ein Freund des kräftigen Schmorgeschmacks sein: Bestellen! So schnell ergibt sich die Gelegenheit nicht mehr. Oder selbst kochen. Hier ist das Rezept:

1 kg Ochsenschwanz
(in 5 cm lange Stücke geschnitten)
2 große Tomaten
2 Möhren
2 Gemüsezwiebeln
8 Knoblauchzehen

2 Lorbeerblätter
2 Zweige Thymian
4 cl Brandy
$^1/_2$ Flasche Rotwein
Salz
Weißer und schwarzer Pfeffer aus der Mühle
Olivenöl
Mehl

Zwiebeln und Möhren schälen und würfeln. In einem gußeisernen Bräter in heißem Olivenöl scharf anbraten. Die Knoblauchzehen währenddessen feinhacken und die Tomaten schälen, entkernen und ebenfalls würfeln. Jetzt die Knoblauchzehen, Lorbeer und Thymian zu den Zwiebeln und Möhren geben. Alles nochmals scharf anbraten, dann die Tomatenwürfel unterziehen. Wiederum kurz schmoren lassen. Alles aus dem Bräter auf eine Platte geben. Erneut Olivenöl in den Bräter geben und stark erhitzen.

Die Ochsenschwanzstücke bemehlen, in das heiße Öl geben und scharf anbraten. Mit dem Brandy ablöschen. Die angeschmorten Gemüse und Kräuter dazugeben. Erneut alles scharf an-

Barcelona

»Lhardy« Madrid

braten und mit einer halben Flasche Rotwein (0,375 l) ablöschen. Auf kleiner Flamme mindestens 3 Stunden köcheln lassen. Falls nötig etwas Rotwein nachgießen. Der Ochsenschwanz muß in einer sämigen Sauce serviert werden. Frisches Weißbrot und Rotwein passen am besten dazu.

HIGADO A LA ASTURIANA

KALBSLEBER ASTURISCHE ART

Asturien ist der große Milchproduzent Spaniens. Hier gibt es nur wenige Gerichte, die nicht mit Milch, Sahne, Butter, Kalbfleisch oder Käse zubereitet werden. Ein schönes Rezept der asturischen Küche ist diese ungewöhnliche und schmackhafte Zubereitung von Kalbsleberstreifen, die gerne als Tapa gereicht werden.

500 g Kalbsleber, gehäutet und gesäubert
2 Zwiebeln, feingehackt
4 Tomaten, gehäutet, entkernt und kleingeschnitten
1 Zitrone
100 g grüne Oliven, entkernt und in Scheiben geschnitten
$^1/_4$ l Milch
$^1/_8$ l Sahne
Mehl
Olivenöl
Salz
Weißer Pfeffer aus der Mühle

Die Leber in Streifen oder sehr feine Scheiben schneiden. Mit der Milch übergießen, vermischen und 15 Minuten stehenlassen. Die Leberstreifen abtropfen lassen und mit einem Küchentuch trockentupfen. Leicht bemehlen.

Den Boden einer gußeisernen Pfanne mit Olivenöl bedecken und erhitzen. Die Leberstreifen darin kurz anbraten (2 bis 3 Minuten). Abtropfen lassen und in einem auf 80 Grad vorgeheizten Backofen warmstellen. In dem verbliebenen Öl die feingehackten Zwiebeln andünsten, dann die Tomaten hinzugeben. Alles kurz schmoren lassen. Mit dem Saft einer halben Zitrone, Salz und weißem Pfeffer aus der Mühle abschmekken. Die Hälfte der Oliven und die Sahne hinzugeben. Nochmals erhitzen, ohne die Sauce zum Sieden zu bringen. Die Leber mit der Sauce übergießen, mit den restlichen Oliven dekorieren und servieren.

Madrid

Madrid

HIGADILLOS AL JEREZ

GEFLÜGELLEBER MIT SHERRY

400 g Geflügelleber
2 weiße oder rote Zwiebeln, feingehackt
1 hartgekochtes Ei
100 g frische kleine Champignons, geviertelt
Glatte Petersilie, feingehackt
0,05 l oder 1/4 Tasse Sherry Medium Dry Amontillado
0,05 l oder 1/4 Tasse Hühnerbrühe
Olivenöl
Salz
Weißer Pfeffer aus der Mühle

Die Geflügelleber sorgfältig säubern, waschen, halbieren oder vierteln und gut abtrocknen.

Den Boden einer gußeisernen Kasserolle mit Olivenöl bedecken und erhitzen. Die Hühnerleber und die geviertelten Champignons von allen Seiten scharf anbraten. Herausnehmen, abgedeckt zur Seite stellen und die feingehackten Zwiebeln in die Kasserolle geben. Goldbraun andünsten, dann die Geflügelleber und die Champignons wieder hineingeben. Mit der Hühnerbrühe ablöschen. Köcheln lassen, bis die Flüssigkeit verdampft ist, dann mit dem Sherry ablöschen. Etwa 6-10 Minuten, je nach Größe der Leber, halb bedeckt köcheln lassen. Salzen und pfeffern. Kurz vor dem Servieren das feingehackte Ei und die Petersilie unterziehen.

Zu allen Tapas mit Innereien paßt Amontillado Medium Dry, leicht gekühlt, hervorragend; selbstverständlich ebenso ein Don Fino oder ein Soleo - beide jedoch eisgekühlt.

CROQUETAS DE POLLO

HÜHNERKROKETTEN

Von allen *croquetas* sind wohl die Hühnerkroketten am meisten verbreitet. Je nach Region dominieren als Füllung Stockfisch (im Norden), Schinken (in Andalusien) oder Seeteufel (Rape: Balearen, Katalonien), auch Spinat mit Käse wird angeboten. Ausgehend von diesem Basisrezept sind viele Varianten möglich.

Rezept für 15 bis 20 Kroketten:

1 Hühner- oder Hähnchenbrust, 150–200 g
2 Eier
Bis zu 400 ml Frischmilch
Olivenöl (zum Ausbacken)
30 g Butter
Salz
Weißer Pfeffer aus der Mühle
1 Prise frisch geriebene Muskatnuß
Paniermehl
Mehl

Madrid

Die Hühnerbrust in einer Pfanne mit etwas Olivenöl bei mittlerer Hitze 8 bis 10 Minuten braten. Herausnehmen und zur Seite stellen. Die Butter in die Pfanne geben, zergehen lassen und Mehl durch ein feines Sieb in die Pfanne stäuben. Mit einem Schneebesen verrühren, bis die Masse sämig wird. Nach und nach die vorgewärmte Milch hineingeben, bis unter ständigem Rühren eine dickflüssige Bechamelsauce entsteht. Salzen, Pfeffer aus der Mühle und Muskatnuß hinzufügen. Die Pfanne zur Seite stellen.

Das Hühnerfleisch sehr fein schneiden oder in einem Mixer zerkleinern und mit einem Eigelb unter die Bechamelsauce ziehen. Mit einem Löffel (15–20) gleich große Portionen formen, in Mehl wälzen, mit den zwei Eiweiß und dem aufgeschlagenen Eigelb befeuchten und in Paniermehl rollen. In Olivenöl goldgelb backen. Lauwarm oder kalt servieren.

POLLO AL AJILLO

HUHN MIT KNOBLAUCH

Ein Klassiker in Andalusien. Statt Huhn oder Hähnchen wird auch gerne Kaninchen genommen. Die Zubereitung ist einfach und überzeugend.

500 g Hühnerfleisch
in mundgerechten Portionen
(auch mit Knochen)
8 Knoblauchzehen, geschält und
in Scheiben geschnitten
0,1 l trockener Sherry Don Fino
Mehl, Type 405
Olivenöl
Salz
Weißer Pfeffer aus der Mühle

Die Hühnerteile waschen und auf einem Küchentuch trockentupfen. Leicht bemehlen.

Den Boden einer gußeisernen Pfanne mit Olivenöl bedecken und erhitzen. Die Hühnerteile

San Sebastián

Pamplona

Hühnerkroketten

und den Knoblauch unter ständigem Rühren von allen Seiten dunkel-goldgelb anbraten. Mit dem Sherry ablöschen. Etwa 10 Minuten bei kleiner Hitze köcheln lassen. Dann vom Feuer nehmen und gut abgedeckt weitere 15 Minuten ziehen lassen. Noch einmal kurz erhitzen, salzen und pfeffern und servieren. Dazu empfiehlt es sich, einen trockenen Sherry Don Fino eisgekühlt zu trinken.

POLLO CON ACEITUNAS Y PIMIENTOS

LANDHUHN MIT OLIVEN UND PAPRIKA

Ausschlaggebend für das Gelingen dieses Rezeptes sind vollreife, rote Paprika, die auf dem Höhepunkt der Reife fast süß schmecken. Daran besteht in Andalusien kein Mangel, genausowenig wie an schmackhaften Landhühnern, die selbst nach 40minütiger Garzeit noch Biß haben. Die Tapa-Küche lebt zu einem großen Teil von der Frische und der Qualität der Produkte. Bereiten Sie dieses Pollo mit guten Zutaten zu, und Sie werden begeistert sein.

1 Landhuhn oder Hähnchen
(1 kg oder mehr),
je nach Anzahl der Gäste halbiert oder geviertelt
1 kg ergibt 15 bis 20 Tapas.
Disponieren Sie entsprechend.
Das Rezept ist für 1 kg Hühnerfleisch ausgelegt.

4 große, rote Paprikaschoten,
entkernt und in Streifen geschnitten
12 Knoblauchzehen,
6 davon in feine Scheiben geschnitten
1 frische, rote Chilischote,
halbiert, entkernt und grob geschnitten
250 g grüne, entkernte Oliven
1/4 l trockener Sherry Don Fino
Olivenöl
2 Zweige Thymian
Salz
Schwarzer und weißer Pfeffer aus der Mühle

Das Huhn oder Hähnchen in Portionen von Gabelbissengröße zerlegen. 6 Knoblauchzehen und die Blätter von einem Zweig Thymian im Mörser pürieren, mit etwas Olivenöl und Salz vermischen und die Hühnerteile mit der Marinade einpinseln. 30 Minuten zur Seite stellen.

Den Boden einer gußeisernen Pfanne mit Olivenöl bedecken, erhitzen und die Chilischote sowie die Knoblauchscheiben darin andünsten. Mit einem Seihlöffel herausnehmen und zur Seite stellen. Die von allen Seiten marinierten Geflügelteile in dem wieder erhitzten Öl kurz und scharf anbraten. Mit dem trockenen Sherry ab-

löschen und 25 bis 30 Minuten bei geringer Hitze offen schmoren lassen. Mehrmals wenden.

Nun den verbliebenen Thymianzweig, die Paprikastreifen sowie die bereits angedünstete Chilischote und die Knoblauchscheiben hinzugeben und bei geschlossenem Deckel nochmal 10 Minuten schmoren lassen. Dazu eisgekühlter trockener Sherry.

◁ *Jabugo-Schinken im Anschnitt*

RIÑONES AL JEREZ

NIEREN MIT SHERRY

400 g Lammnieren
1 weiße Zwiebel, feingehackt
Paprikapulver, edelsüß
2 Knoblauchzehen, in Scheiben
Glatte Petersilie, feingehackt
0,1 l Sherry Medium Dry Amontillado
2 dünne Streifen Chilischote
Sherryessig
Olivenöl
Salz
Weißer Pfeffer aus der Mühle

Pamplona

Die Lammnieren säubern (Fett, Haut und Sehnen entfernen) und unter fließendem Wasser waschen. In einer Schüssel, mit Wasser bedeckt und mit einem Schuß Sherryessig versehen, einige (nicht länger als 3–4) Stunden stehenlassen. Vor dem Kochen herausnehmen, gut abspülen und auf Küchenpapier trocknen lassen. Den Boden einer großen Pfanne mit Olivenöl bedekken und erhitzen. Die Knoblauchscheiben hineingeben. Etwas später die feingehackte Zwiebel hinzufügen. Mit einem Seihlöffel den angedünsteten Knoblauch und die Zwiebelstückchen herausnehmen. Etwas Olivenöl in die Pfanne nachgießen und wieder erhitzen. Die trockenen Lammnieren mit dem Paprikapulver würzen und mit den zwei dünnen Streifen der Chilischote in der Pfanne von allen Seiten scharf anbraten. Knoblauch und Zwiebeln wieder in die Pfanne geben. Nochmals erhitzen, dann mit dem Sherry ablöschen, mindestens 8 bis 10 Minuten köcheln lassen (leicht rosa), maximal 25 Minuten (durch). Dazu ein eisgekühlter Don Fino oder ein leicht gekühlter Medium Dry Amontillado.

TORTILLA SACROMONTE

OMELETT MIT LAMMINNEREIEN

Der Ursprung dieses Rezeptes ist bei den Schlachtfesten in Südspanien zu suchen, wo die Innereien sofort zu einer Tortilla verarbeitet werden. Natürlich hat dieses Omelett längst seinen Platz auf der täglichen Speisekarte in Anda-

La Coruña

lusien gefunden, und die Innereien variieren. Mit Lammnieren und/oder -hirn wird es am häufigsten zubereitet, aber auch mit Lammherz und -hoden. Sehr schmackhaft ist die Zubereitung ausschließlich mit Lammnieren. Natürlich werden jetzt immer Kartoffeln mit dazugenommen, ebenso wie bei einer Tortilla Española. Während der Arbeit an diesem Buch sind wir insgesamt auf ein Dutzend Rezeptvarianten gestoßen. ›Sacromonte‹ ist übrigens der Name des Zigeunerviertels von Granada.

8 Eier
300 g Kartoffeln, geschält, halbiert und in Scheiben geschnitten
100 g Serrano- oder roher, nicht zu salziger Schinken
250 g Lammnieren, gesäubert und in Stücke geschnitten
1 Zwiebel, gewürfelt
Olivenöl
Salz
Weißer Pfeffer aus der Mühle

Den Boden einer gußeisernen Pfanne mit Olivenöl zwei Finger hoch bedecken und erhitzen. Darin die Kartoffeln und die Zwiebel anbraten, bis sie leicht goldgelb bzw. glasig sind. Mit einem Schöpflöffel Kartoffeln und Zwiebeln auf Küchenpapier geben und abtropfen lassen.

Den Schinken in Würfel schneiden und zusammen mit den Lammnieren in der Pfanne scharf anbraten, dann bei geschlossenem Deckel 10 Minuten schmoren lassen. Nieren und Speck zu den Kartoffeln und Zwiebeln geben. Die Pfanne auswischen und mit ein wenig Olivenöl erneut erhitzen. Kartoffeln, Zwiebeln, Nieren und Speck hineingeben. Die Eier in einer Schüssel leicht unterziehen, so daß sich Eigelb und Eiweiß nicht völlig vermischen. Salzen, pfeffern und in die Pfanne geben. Sobald die Tortilla unten fest ist, mit Hilfe eines flachen Tellers wenden. Im Idealfall sollte das Ei innen noch nicht ganz fest sein.

Jabugo-Schinken hängen von den Decken der meisten Tapa-Bars

La Coruña

DATILES CON BACON

DATTELN MIT SPECK

Eine köstliche Tapa aus Andalusien, die in guten Restaurants oft als Appetizer zum Aperitif gereicht wird. Wichtig ist, daß die getrockneten Datteln nicht zu alt und außerdem von sehr guter Qualität sind. Sonst werden sie bei dieser Zubereitungsweise leicht trocken.

24 getrocknete Datteln, entkernt
12 Scheiben geräucherter Schinkenspeck
Olivenöl

2 Knoblauchzehen
Salz
Schwarzer Pfeffer aus der Mühle
24 Zahnstocher

Die Schinkenspeckscheiben halbieren. Die Datteln jeweils in eine halbe Scheibe Speck straff einrollen und mit einem Zahnstocher fixieren.

Olivenöl mit zwei aufgedrückten Knoblauchzehen (zwischen Daumen und Zeigefinger mit der Wurzel nach unten drücken, bis die Zehe aufplatzt) erhitzen, bis das Öl kurz vor dem

Madrid

Rauchpunkt ist. Die Datteln mit dem geräucherten Schinkenspeck ausbacken, bis der Speck goldbraun ist. Ein leicht gekühlter Sherry Oloroso paßt hervorragend dazu.

HABAS TIERNAS CON JAMON

JUNGE DICKE BOHNEN MIT SCHINKEN

Oft wird dieses Gericht in den Bars und Tascas in Katalonien mit gekochtem Schinken und mit etwas Tomatensoße angereichert serviert; dann sind die dicken Bohnen meist aus der Tiefkühltruhe. Wunderbar schmeckt es mit jungen dicken Bohnen und einem luftgetrockneten Jabugo-Schinken, aber auch jedem anderen, nicht zu salzigen, rohen Schinken.

Pza. de Toros de Sevilla

1 kg junge dicke Bohnen in der Schote
1 Zwiebel, feingehackt
1 Zweig Majoran, die Blätter feingehackt
150 g Jabugo-Schinken, in Streifen geschnitten
Olivenöl
Salz
Weißer Pfeffer aus der Mühle

Die Bohnen kalt aufsetzen und in der Schote – je nach Größe – 8 bis 12 Minuten sprudelnd kochen. Abgießen und in der Spüle so lange abkühlen lassen, bis man von Hand die Bohnen aus der Schote drücken kann. In einer Pfanne etwas Olivenöl erhitzen, die feingehackte Zwiebel goldbraun anschwitzen, die Schinkenstreifen und dann die noch warmen Bohnen dazugeben. Unter ständigem Rühren nachgaren. Mit Majoran, Salz und weißem Pfeffer aus der Mühle würzen.

DUELOS Y QUEBRANTES

RÜHREI MIT CHORIZO UND JABUGO

Genau übersetzt heißt Duelos y Quebrantes ›Wunden und Leiden‹. Eines von Don Quijotes Leibgerichten. Die Assoziation läßt sich nur so erklären, daß das rote Fett der Chorizo in das Weiße und Gelbe des Eis hineinläuft. Wie auch immer, eine delikate Tapa ist es allemal.

2 Eier
50 g Chorizo

Jesulm de Ubrique Sevilla

Bar »Sol y Sombra« Sevilla

30 g Jabugo- oder Serrano-Schinken
(der zur Not durch mageren, durchwachsenen
Speck ersetzt werden kann)
Olivenöl
Salz
Weißer und schwarzer Pfeffer aus der Mühle

Die Chorizo in feine Scheiben schneiden, den Schinken würfeln und beides in einer gußeisernen Pfanne mit sehr wenig Olivenöl anbraten. Sobald sich das Fett von der Chorizo und dem Schinken in der Pfanne sammelt, die nur kurz mit weißem und schwarzem Pfeffer aus der Mühle untergezogenen Eier (das Gelbe und das Weiße sollen sich nicht ganz vermischen) in die Pfanne geben. Auf dem Herd lassen, bis das Ei auf dem Pfannenboden gestockt ist, dann herunternehmen, abdecken und 5 Minuten ziehen lassen. Servieren – und nicht an ›Wunden und Leiden‹ denken.

Frische chorizo und butifarrón

Madrid

COCHIFRITO

LAMMFLEISCH MIT ZITRONE

Lammfleisch von der Schulter ist am besten für dieses Rezept geeignet. Als Tapa serviert, sollte beim Garen kein Wasser hinzugegeben werden, damit nur wenig Sauce entsteht. In der unten beschriebenen Weise wird das Gericht in der Mancha, in Aragón, in Murcia, aber auch immer wieder in anderen Regionen angeboten. Zwei interessante Varianten werden entweder mit Kreuzkümmel oder mit Fenchelsamen nachgewürzt.

500 g Lammschulter
2 Zwiebeln, gehackt
8 Knoblauchzehen, 4 geschält und in Scheiben geschnitten
1 Teelöffel Paprikapulver, edelsüß
Saft von $1^{1}/_{2}$ Zitronen
3 Zweige glatte Petersilie, grob gehackt
Olivenöl
Salz
Schwarzer Pfeffer aus der Mühle

Die Lammschulter in Würfel schneiden. In einer gußeisernen Kasserolle Olivenöl erhitzen.

Zunächst die vier Knoblauchzehen in der Schale andünsten, dann das Lammfleisch hinzufügen. Sobald die Fleischwürfel von allen Seiten angebraten sind, die in Scheiben geschnittenen Knoblauchzehen, Paprika und die gehackten Zwiebeln hineingeben. Bei reduzierter Hitze unter etwas geöffnetem Deckel eine halbe Stunde garen. Dann mit dem Saft von $1^1/_2$ Zitronen ablöschen, noch einmal kurz die Hitze erhöhen. Salzen, pfeffern und die gehackte Petersilie unterziehen. Bei minimaler Hitze weitere 10 Minuten ziehen lassen.

Sevilla

CONEJO EN SALMOREJO

GEBEIZTES KANINCHEN

Das frische Kaninchen sofort in Stücke schneiden und in die Beize geben. So wird es in Andalusien gemacht, und so schmeckt es am besten.

1 Kaninchen mit der Leber
8 Knoblauchzehen, geschält
1 rote Paprikaschote, entkernt und gewürfelt
1 Teelöffel süßes Paprikapulver
1 Teelöffel scharfes Paprikapulver
2 Lorbeerblätter
2 Zweige Thymian
1/2 Teelöffel Kreuzkümmel
Olivenöl
Sherryessig
Salz
Weißer Pfeffer

In La Coruña

Pamplona

Das Kaninchen in Portionsstücke schneiden, waschen und trockentupfen. In einem großen Mörser oder einer Küchenmaschine 4 Knoblauchzehen, den Lorbeer und den Thymian mit etwas Salz zerstoßen. Mit Olivenöl auffüllen, gut verrühren und über die Kaninchenstücke geben. Mehrmals wenden. Nach mindestens zwei Stunden herausnehmen.

In einer gußeisernen Pfanne das Öl aus dem Mörser erhitzen und die Kaninchenstücke darin von allen Seiten goldbraun anbraten. Gegen Ende der Garzeit die Kaninchenleber hinzugeben und mitgaren. Im Mörser die restlichen 4 Knoblauchzehen, die gewürfelte Paprikaschote, das Paprikapulver, den Kreuzkümmel und die Leber nach und nach zerstoßen. Mit 1,5 Eßlöffeln Sherryessig mischen und mit Wasser oder Brühe auffüllen. Alles in der Pfanne erhitzen. Die Kaninchenstücke hineingeben und bei mittlerer Hitze 40 Minuten garen lassen. Danach 15 Minuten vom Feuer nehmen, noch einmal aufkochen lassen und servieren. Schmeckt auch am Tag darauf kalt. Ein kühler trockener Sherry paßt ausgezeichnet dazu.

Pamplona

Pamplona

CABRITO CON GARBANZOS

ZICKLEIN MIT KICHERERBSEN

Für dieses Rezept braucht man einen kräftigen weißen Landwein, sonst wird das Gericht durch die Kichererbsen leicht süß. Auch ein Schuß trockener Sherry unterstützt den Wein gegen die Süße der Kichererbsen.

600 g Zicklein (Schulter, Keulen)
300 g Kichererbsen,
falls getrocknet, mit etwas Natron
2 Zwiebeln, gewürfelt
3 Tomaten, geschält,
entkernt und gewürfelt
1/3 l Weißwein
0,1 l trockener Sherry
8 Knoblauchzehen,
davon 4 geschält
1 Lorbeerblatt
1 Salbeiblatt
1/2 Bund glatte Petersilie
Olivenöl
Salz
Weißer Pfeffer aus der Mühle

Falls getrocknete Kichererbsen genommen werden, über Nacht mit etwas Natron einweichen. Das Fleisch vom Zicklein würfeln (ca. 3 cm). In einer gußeisernen Kasserolle Olivenöl erhitzen. Vier Knoblauchzehen in der Hand zwischen Daumen und Zeigefinger mit der Wurzel nach unten auf die Tischplatte drücken, bis die Zehe platzt.

Barcelona

Die Knoblauchzehen mit dem gewürfelten Fleisch in das heiße Olivenöl geben. Goldbraun anbraten und mit dem trockenen Sherry ablöschen. Mit einem Seihlöffel herausnehmen und zugedeckt zur Seite stellen.

In der Kasserolle die Zwiebeln und den geschälten, feingehackten Knoblauch mit dem getrockneten Lorbeer- und dem frischen Salbeiblatt anschwitzen. Dann die Kichererbsen und die gewürfelten Tomaten hinzugeben. Mit dem Landwein ablöschen und 90 bis 100 Minuten (bis die Kichererbsen fast gar sind) köcheln lassen. Die Fleischstücke hineingeben, salzen und pfeffern. Noch einmal 8 bis 10 Minuten köcheln lassen. Mit den gehackten Blättern der glatten Petersilie garnieren und servieren.

Pamplona

Pamplona

MOLLEJAS A LA GITANILLA

KALBSBRIES ZIGEUNERART

Das Kalbsbries wird bei diesem Rezept auf Holzspießchen gesteckt und entweder gegrillt oder gebraten. Aber auch ohne Spieße wird das Gericht gerne als Tapa serviert. Zu beachten ist, daß bei den Spießchen der Speck in der Höhe dicker geschnitten ist als das Bries, damit der Speck mehr die heiße Grillplatte bzw. den Pfannenboden berührt, als das empfindlichere Bries, das verbrennen würde.

2 Kalbsbriese
250 g geräucherten durchwachsenen Speck, in dicken Scheiben
4 Zweige Majoran
Olivenöl
Salz
Schwarzer Pfeffer aus der Mühle
8–12 Holzspießchen

Das Kalbsbries einen halben Tag lang wässern. Kurz in siedendes Wasser geben und dann die verhärteten Stellen entfernen. Danach in Eiswasser geben. Wenn das Bries völlig ausgekühlt ist, abtrocknen und in Rechtecke schneiden. Abwechselnd mit dem Speck auf die Holzspießchen stecken. Mit den Majoranblättern würzen und in der heißen Pfanne mit etwas Olivenöl braten oder grillen. Kurz vor dem Ende der Garzeit salzen und pfeffern. Ein kühler Amontillado paßt sehr gut dazu.

Pamplona

HIGADO DE CORDERO A LA JEREZANA

LAMMLEBER MIT SHERRY

Diese hauchdünnen Lammleberscheiben in trockenem Sherry oder Amontillado (vielleicht versuchen Sie beides gleichzeitig) sind sofort serviert besonders schmackhaft. Langes Warmstellen oder Aufwärmen bekommt ihnen nicht. Beachten Sie dies, und kaufen Sie ganz frische Leber!

Pamplona

San Sebastián

400 g Lammleber, gesäubert
2 Zwiebeln
0,1 l trockener Sherry Fino oder Amontillado
75 g Butter
Olivenöl
Salz
Weißer Pfeffer aus der Mühle

Die Lammleber halbieren und in hauchdünne Scheiben schneiden. In eine Schüssel geben und mit Sherry übergießen, verrühren und an einem kühlen Ort zwei Stunden marinieren. Den Boden einer gußeisernen Pfanne mit Olivenöl bedecken und erhitzen. Die Zwiebeln schälen und halbieren, dann in Scheiben schneiden und im heißen Olivenöl goldbraun anbraten. Die Leberscheiben in einem Sieb abtropfen lassen und auf Küchenpapier trockentupfen. Zunächst die Butter in das heiße Öl geben, dann die Leberscheiben in dem heißen Fett kurz braten. Sofort servieren. Dazu den gleichen Sherry, der zum Marinieren benutzt wurde, gut gekühlt und in schönen Sherrygläsern servieren.

San Sebastián

Madrid

Pamplona

MORCILLA FRITA

GEBRATENE BLUTWURST

Dieses Rezept kann man auch mit Blutwurst oder Zungenwurst deutscher Machart nachkochen. Wenn sie etwas gewürzt ist, um so besser. Es kann auch ein roter Schwartenmagen oder eine kleine Pfälzer Blutwurst sein, wobei im Süden Deutschlands lieblich gewürzte kleine Blutwürste gut zu bekommen sind. In vielen Großstädten gibt es auch Spezialitäten-Metzgereien und spanische Feinkostläden, wo die kleinen Morcillas angeboten werden.

250 g Blutwurst, gepellt
2 Zwiebeln, in Ringe geschnitten
1 Teelöffel Kreuzkümmel, zerstoßen
1 kleines Weißbrot,
in Scheiben geschnitten und getoastet
Olivenöl
Salz
Weißer Pfeffer aus der Mühle

Die Blutwurst in dicke Portionsscheiben schneiden. In einer gußeisernen Pfanne Olivenöl erhitzen und zunächst die Zwiebelringe andünsten, dann die Blutwurstscheiben hinzugeben. Von beiden Seiten anbraten. Mit dem zerstoßenen Kreuzkümmel, dem Salz und dem weißen Pfeffer aus der Mühle würzen und auf getoasteten Weißbrotscheiben servieren. Dazu eine *caña*, ein frisch gezapftes Bier.

Gegrillte marinierte Paprika

ACEITUNAS EN ADOBO

WÜRZIG EINGELEGTE OLIVEN

500 g mittelgroße, in Essig eingelegte Oliven
5 Knoblauchzehen
1 Teelöffel Fenchelsamen
1 Zweig frischer Majoran
1 Zweig frischer Rosmarin
1 Teelöffel scharfes Paprikapulver
Olivenöl

Die Oliven mit der Breitseite eines großen Küchenmessers drücken, bis sie platzen. In ein Einmachglas oder eine Schüssel geben. Mit den feingehackten Knoblauchzehen, Fenchelsamen, Majoranblättern und dem Rosmarin bestreuen. Das Paprikapulver, Salz und schwarzen Pfeffer aus der Mühle dazugeben. Mit Olivenöl bedekken. Durchrühren oder schütteln und mehrere Tage ziehen lassen.

Eingelegte Oliven sind eine ideale Ergänzung zum *pan con aceite y tomate* und zu den Schinken- und Wurstwaren, den *embutidos,* wie *butifarrón,* Blutwurst, und *sobrasada,* der scharfen Wurst vom Schwein, die vor allem in Katalonien und auf den Balearen beliebt ist, oder der unverwechselbaren *chorizo,* der scharfen spanischen Wurst, die kalt, gegrillt oder als Einlage im Weiße-Bohnen-Eintopf, der *fabada,* immer ein Genuß ist.

Madrid

Madrid

ENSALADILLA RUSA

RUSSISCHER SALAT

Ensaladilla Rusa ist die gelb-weiße Pyramide mit den roten und grünen Punkten, die beim Betreten der meisten Tapa-Bars ins Auge fällt. Manche Bars sind dafür berühmt, und die *ensaladilla*, wie sie kurz genannt wird, geht kiloweise über die Theke.

Andererseits kennt die Qualität bei dieser Tapa nach unten keine Grenzen; beobachten Sie, ob sich die Ensaladilla-Pyramide bewegt – wenn nicht, bestellen Sie andere Tapas.

Bei Ihrem Tapa-Buffet sollte die Ensaladilla jedoch nicht fehlen, denn richtig zubereitet ist sie eine Traum-Tapa.

600 g Kartoffeln, festkochend
200 g grüne Bohnen
150 g Möhren
100 g Erbsen
Salz
Schwarzer und weißer Pfeffer aus der Mühle
Sherryessig
Olivenöl
Mayonnaise

Nach Wunsch:

3 hartgekochte Eier
Thunfisch aus der Dose

Die Kartoffeln waschen und in kaltem Wasser aufsetzen. Die Möhren schälen und würfeln. Diese zusammen mit den Erbsen etwa 7 Minuten köcheln lassen. Unter fließendem kaltem Wasser kurz abschrecken und im Sieb abtropfen lassen.

Die Bohnen putzen und in 2 bis 3 cm lange Stücke brechen. Getrennt von Erbsen und Möh-

La Coruña

ren etwa 8 bis 10 Minuten lang kochen. Abschrecken und zu den Erbsen und Möhren in den Durchschlag geben.

Die Kartoffeln nach ungefähr 30 Minuten vom Feuer nehmen, pellen und in Würfel schneiden. In eine große Schüssel geben, salzen, pfeffern und mit Sherryessig marinieren. Auskühlen lassen und die Erbsen, Möhren und Bohnen hinzugeben. So lange Mayonnaise unterziehen, bis der konsistente Salat entsteht, aus dem sich die schönen Pyramiden und Schiffchen formen lassen. Gerne werden auch gewürfelte, hartgekochte Eier und Thunfisch, seltener auch andere Gemüsesorten wie Rüben, Blumenkohl und Sellerie in die Ensaladilla gemischt.

ENSALADA DE ZANAHORIAS

MÖHRENSALAT

In einem kleinen Dorf in Andalusien servierte uns der Wirt einer Bodega einen interessanten Möhrensalat an der Tapa-Bar. Der Möhrensalat war mit Kreuzkümmel und Majoran gewürzt. Seine Frau gab uns das Rezept und sagte, er sei bekannt und verbreitet. Und diesen Möhrensalat haben wir dort bekommen:

500 g Möhren
4 Knoblauchzehen
1 Prise Kreuzkümmel
1 Zweig frischer Majoran, die Blätter feingeschnitten
Olivenöl
Salz
Weißer Pfeffer aus der Mühle
Zitronensaft
Sherryessig

Die Möhren schälen und unzerteilt kochen, je nach Größe 10 bis 15 Minuten – sie sollen noch schnittfest sein. Die Knoblauchzehen schälen und in sehr feine Scheiben schneiden. In einer Schüssel mit etwas Zitronensaft marinieren. Mit Sherryessig auffüllen, den Kreuzkümmel (Vorsicht, nicht zuviel!), die feingeschnittenen Majoranblätter, Salz und Pfeffer dazugeben.

Die gekochten Möhren in Scheiben schneiden und noch warm in die vorbereitete Marinade geben. Gut mischen, auskühlen lassen und vor dem Servieren Olivenöl hinzugeben.

Sevilla

Barcelona

ENSALADA DE TOMATES

TOMATENSALAT

4 Tomaten
1 Gemüsezwiebel
$^1/_2$ Bund glatte Petersilie
50 g schwarze Oliven, entsteint
50 g grüne Oliven, entsteint
(oder 100 g Oliven von einer Sorte)
Olivenöl
Sherryessig
Salz
Schwarzer Pfeffer aus der Mühle

Die Gemüsezwiebel schälen, halbieren und die Wurzelansätze schräg herausschneiden. Die Hälften senkrecht in 0,5 cm dicke Scheiben schneiden. Die Zwiebelstreifen kurz unter kaltem Wasser waschen. Auf Küchenpapier trocknen. In die Salatschüssel geben und mit etwas Sherryessig marinieren.

Aus den Tomaten die harten Stielansätze oben herausschneiden, dann die Tomaten achteln und auf die marinierten Zwiebeln geben. Leicht salzen. Die Oliven halbiert oder ganz darübergeben. Von dem halben Bund glatter Petersilie die Blätter abzupfen und in die Salatschüssel geben. Nochmals leicht salzen und pfeffern. Sherryessig und reichlich natives Olivenöl darübergießen. Mehrmals unterziehen.

CEBOLLITAS AL VINAGRE DE JEREZ

PERLZWIEBELN MIT SHERRYESSIG

Natürlich eine Tapa, die in der Zeit der Perlzwiebelernte zubereitet wird und nicht nur als Tapa äußerst schmackhaft ist, sondern sich sehr gut als Beilage für Braten oder Kurzgebratenes eignet. Die Perlzwiebeln können – sollten sie nicht erhältlich sein – durch Gemüsezwiebeln ersetzt werden.

500 g Perlzwiebeln
(ersatzweise möglichst kleine Gemüsezwiebeln, halbiert und geviertelt)
0,1 l Sherry Oloroso
0,1 l Sherryessig
1 Teelöffel Honig
1 Prise Thymian
1 Lorbeerblatt
$^1/_2$ Chilischote
2 Nelken (Andalusien) oder
1 Zweig frischer Fenchel (Levante, Balearen)
Olivenöl
Salz
Schwarzer Pfeffer aus der Mühle

In einer gußeisernen Pfanne Olivenöl (1 cm hoch) erhitzen und die geschälten Perlzwiebeln unter ständigem Rühren von allen Seiten gold-

Barcelona

LANA
LANA
300

CLIMATIZADO

OLÉO
SHERRY

82
81

CALAMARES
ENSALADILLA RUSA

BARTOLO

braun anschmoren. Mit dem Sherry und dem Sherryessig ablöschen. Honig, Thymian, Lorbeerblatt, Chilischote (entkernt), Nelken bzw. Fenchelzweig hineingeben. Salzen und mit der Pfeffermühle pfeffern. Zunächst noch einmal bei starker Hitze kurz aufkochen, dann bei milder Hitze weitere 6 bis 8 Minuten köcheln lassen. In eine Schale füllen und auskühlen lassen.

ESCALIVADA

GEGRILLTE AUBERGINEN UND PAPRIKA ALS SALAT

Die Katalanen mögen gegrilltes Gemüse, und es ist immer wieder eine Überraschung, was alles auf dem Holzkohlengrill landet und was damit gemacht wird. Hier ein Rezept, das sich auch ohne Holzkohlengrill nachkochen läßt. Versuchen Sie es aber auch im Sommer auf dem Grill, dann schmeckt es sicher noch besser. Auf jeden Fall sollten Sie vollreifes Gemüse verwenden, da sonst die Gefahr besteht, daß bei dieser Zubereitungsart sowohl bei den Paprika als auch bei den Auberginen in der Marinade bittere Geschmacksstoffe durchschlagen. Da Paprika und Auberginen zur gleichen Zeit reif angeboten werden, ist dies kein großes Problem.

4 Paprikaschoten, rot
2 bis 3 Auberginen
(Paprika und Auberginen sollten in gleicher Menge verwendet werden)
2 Knoblauchzehen, im Mörser zerdrückt
Saft von einer Zitrone
Olivenöl
Salz
Schwarzer und weißer Pfeffer aus der Mühle

Den Backofen auf 250 Grad erhitzen und auf einem mit Alufolie ausgelegten Backblech die Paprika und die Auberginen unter ständigem Wenden von allen Seiten rösten, bis die Haut braunschwarz wird und Blasen wirft. Den Backofen ausschalten, die Paprika und Auberginen in die Alufolie einschlagen und ca. 15 Minuten im noch warmen Ofen nachgaren lassen. Dann die Haut abziehen und sowohl Auberginen als auch die entkernten Paprika in lange Streifen schneiden und auf einer Platte anrichten.

Etwas Olivenöl in den Mörser geben, in dem die Knoblauchzehen zerstoßen wurden. Salz, Pfeffer und den Zitronensaft hinzufügen. Gut verrühren und über die Paprika- und Auberginenstreifen geben. Abgedeckt an einem kühlen Ort mindestens 2 Stunden ziehen lassen. Eiskalter trockener Sherry und frisches Weißbrot dazu. Köstlich!

BERENJENAS DE ALMAGRO

AUBERGINEN ALMAGRO-ART

Almagro ist ein kleiner Ort bei Ciudad Real in der Mancha, einer fruchtbaren Landschaft mit ertragreichen Äckern, Olivenhainen und Weinbergen. Die Manchegos verstehen es, die Früchte, die ihnen das Land schenkt, zuzubereiten. Dieses Rezept mit jungen oder kleinen Auberginen ist auch geeignet, Auberginen zu konservieren, also einzulegen.

24 junge oder kleine Auberginen, mit Fruchtstil und Deckblättern
1 Knoblauchknolle, ca. 12 Zehen, geschält
1 Lorbeerblatt
1 Zweig Majoran oder Oregano
0,1 l Sherryessig
1/2 Teelöffel scharfes Paprikapulver
Salz
Schwarzer Pfeffer aus der Mühle
Olivenöl

Den Boden einer gußeisernen Kasserolle mit Olivenöl bedecken und alle Knoblauchzehen bei mittlerer Hitze andünsten, bis sie leicht glasig werden. Nicht anbräunen. Die sorgfältig gewaschenen Auberginen (auch unter den Deckblättern!) trocknen und zu dem Knoblauch in die Kasserolle geben. Unter ständigem Rühren von allen Seiten angaren, etwa 4 bis 5 Minuten. Das Lorbeerblatt, den Zweig Majoran, das scharfe Paprikapulver, Salz und reichlich Pfeffer aus der Mühle hinzugeben. Mit dem Sherryessig ablöschen und mit so viel Wasser auffüllen, daß die Auberginen halb bedeckt sind. Bei geschlossenem Deckel nochmals – je nach Größe – 4 bis 10 Minuten ziehen lassen; die Auberginen müssen noch Biß haben. Lauwarm, mit etwas Olivenöl beträufelt, servieren.

Zum Konservieren so viel Wasser in die Kasserolle geben, daß die Auberginen später im Einmachglas bedeckt sind. Dazu paßt sowohl ein Wein aus der Mancha, aber natürlich auch ein kalter trockener Sherry.

GRATINADO DE BERENJENAS

AUBERGINEN ÜBERBACKEN

Der spanische Manchego-Käse gibt dieser Zubereitung den typischen Geschmack. Falls Manchego-Käse nicht verfügbar ist, versuchen Sie es mit einem reifen Emmentaler.

Barcelona

Sevilla

4 Auberginen
800 g reife Tomaten, gehäutet, entkernt und in Würfel geschnitten
1 Knoblauchzehe
150 g Käse
4 Zweige Albahaca, das kleinblättrige spanische Basilikum
oder 2 Zweige großblättriges Basilikum

Der Sandeman-Schwinger

Mehl
1 Kaffeelöffel Zucker
Olivenöl
Salz
Weißer Pfeffer aus der Mühle

Die Auberginen der Länge nach in 1 cm dicke Scheiben schneiden, bemehlen und in einer Pfanne mit Olivenöl von beiden Seiten leicht anbräunen. Im Backofen bei 80 Grad warmstellen. In der Pfanne die zerstoßene Knoblauchzehe und die Tomaten im restlichen Olivenöl zu einer sämigen Tomatensauce verkochen. Mit Zucker, Salz und Pfeffer würzen. Zum Schluß Albahaca oder Basilikum hineingeben.

Den Boden einer Auflaufform zunächst mit der Tomatensauce bedecken. Darüber einige Scheiben Auberginen, Tomatensauce, Auberginen und so weiter. Darüber eine Schicht geriebenen Manchego-Käse und alles bei 180 Grad mit Oberhitze im Backofen 20 Minuten überbakken. Dazu paßt ein kühler junger Rotwein.

PEZ DE TIERRA

AUBERGINENPÜREE

Ein Gericht, dessen wörtliche Übersetzung ›Erd-Fisch‹ lautet – eine außergewöhnliche Bezeichnung, die auf die Fastenzeit zurückgeht, die im mittelalterlichen Spanien mehr als 6 Monate im Jahr dauerte.

2 Auberginen
5 Knoblauchzehen, geschält
1 Teelöffel Kreuzkümmel
Olivenöl
Salz
Weißer Pfeffer aus der Mühle

Die Auberginen in Würfel schneiden, die Knoblauchzehen in Scheiben. Den Boden einer gußeisernen Pfanne mit Olivenöl bedecken und erhitzen. Die Auberginen und den Knoblauch in die Pfanne geben und unter ständigem Rühren so lange andünsten, bis die Auberginen weich sind. Den Inhalt der Pfanne mit einem Pürierstab zerkleinern. Etwas Olivenöl, Salz, weißen Pfeffer aus der Mühle und Kreuzkümmel unterziehen. Mit frischem Weißbrot servieren.

5ª
CRIADERA
FINA
1968
SANDEMAN
DON FINO
CRIADERA
FINA
SANDEMAN
SANDEMAN

La Coruña

COLIFLOR CON AJOS Y PIMENTON

BLUMENKOHL MIT KNOBLAUCH UND PAPRIKA

Viele Zubereitungsarten in der spanischen Küche sind so grundsätzlich anders als in Italien oder Frankreich, daß man immer wieder überrascht wird, wenn man nach einem Rezept fragt. Man hatte sich die Zubereitung anders vorgestellt.

1 Blumenkohl, nur die Röschen
2 dicke Scheiben Weißbrot
2 Teelöffel Paprikapulver, edelsüß
$^{1}/_{2}$ Bund glatte Petersilie
2 Eßlöffel Pinienkerne
2 Knoblauchzehen, geschält
1 Zitrone
Olivenöl
Salz

Die Blumenkohlröschen waschen und in einer Schüssel mit Wasser und dem Saft einer Zitrone zur Seite stellen.

Pamplona

In einer Kasserolle etwas Olivenöl erhitzen und die zwei dicken Scheiben Weißbrot von beiden Seiten anrösten. Herausnehmen. Das Paprikapulver über den Boden der Kasserolle verteilen und sofort mit warmem Wasser ablöschen. Sobald das Wasser kocht, die Blumenkohlröschen mit etwas Salz hineingeben. 10 bis 12 Minuten kochen. Der Blumenkohl muß noch starken Biß haben.

In einem Mörser oder mit einer Küchenmaschine die gerösteten Brotscheiben, die Pinienkerne, den Knoblauch und die Petersilie zerstoßen. Eine Schöpfkelle vom Garwasser des Blumenkohls dazugeben.

Die Blumenkohlröschen aus dem Wasser nehmen, abtropfen lassen und in eine Auflaufform geben. Die Mischung aus dem Mörser (bzw. der Küchenmaschine) darübergeben und einige Minuten im vorgeheizten Backofen bei 120 Grad ziehen lassen.

Sevilla

COLIFLOR AL ESTILO DE BADAJOZ

FRITIERTER BLUMENKOHL

1 kleiner Blumenkohl
3 Knoblauchzehen
3 Stiele glatte Petersilie
0,2 l Sherryessig
3 Eier
Feines Mehl, Type 405
Olivenöl
1 Lorbeerblatt
Salz
Schwarzer Pfeffer aus der Mühle

Das folgende ist ein Rezept aus der Provinz Estremadura. Die Blumenkohlröschen vom Blumenkohl abschneiden. Die dicken Stiele unten kreuzförmig einschneiden, die Röschen in sprudelnd kochendem Wasser 4 Minuten blanchieren und ohne abzuschmecken in folgende Marinade geben:

In einem Mörser zwei geschälte Knoblauchzehen mit einem Teelöffel Salz zerstoßen, danach den Pfeffer und den Sherryessig hinzugeben. In dieser Marinade die blanchierten Blumenkohlröschen unter mehrfachem Verrühren 30 bis 45 Minuten auskühlen lassen. Die Blätter der Petersilie von den Stielen trennen und feinhacken. Mit den drei Eiern verquirlen, salzen und pfeffern. In einer gußeisernen Pfanne drei Finger hoch Olivenöl zum Fritieren erhitzen. Die dritte Knoblauchzehe zwischen Dau-

Madrid

Pamplona

Barcelona

men und Zeigefinger zerdrücken und mit dem Lorbeerblatt in das Öl geben.

Die Blumenkohlröschen abtropfen lassen, bemehlen und in dem verquirlten Ei so lange wenden, bis sie völlig ummantelt sind. In dem heißen Olivenöl goldbraun ausbacken.

CHAMPIÑONES RELLENOS

GEFÜLLTE CHAMPIGNONS

Unter der Vielfalt der Champignonrezepte auszuwählen ist fast unmöglich. Champignonköpfe – wie es eigentlich heißen müßte – werden in spanischen Tapa-Bars mit fast allem gefüllt, und der Phantasie sind keine Grenzen gesetzt. Die Füllung mit *chorizo,* der roten Paprikawurst, ist eher typisch für den Süden, während andernorts eine milde Hackfleischfüllung dominiert, welche übrigens auch für *albóndigas* oder *berenjenas rellenas* gerne genommen wird. Da Chorizo im Norden Europas nur schwer zu bekommen ist, soll hier eine schmackhafte Füllung mit Hackfleisch empfohlen werden:

350 g Rinderhack
1 Zwiebel
2 Knoblauchzehen
1 große Fleischtomate
je nach Größe 20–25 Champignonköpfe
2 Eier
1 trockenes Brötchen (oder Brot)
Glatte Petersilie, feingehackt
4 cl trockenen Sherry Fino
Olivenöl
Salz
Schwarzer Pfeffer aus der Mühle

Madrid

Das trockene Brötchen in warmem Wasser einweichen. Die Zwiebel und die zwei Knoblauchzehen feinhacken; in einer Pfanne mit wenig Olivenöl kurz andünsten, mit dem Sherry ablöschen und zur Seite stellen.

Die Fleischtomate abziehen, vierteln, Fruchtwasser, Kerngehäuse und Stielansatz entfernen. Das verbliebene, feste Fruchtfleisch würfeln und in die Pfanne geben. Die Petersilie (die Blätter von 2–3 Stielen) feinhacken und ebenfalls in die Pfanne geben. Das Rinderhack mit den zwei Eiern und dem eingeweichten, ausgedrückten Brot mischen und in der Pfanne mit den anderen Zutaten sorgfältig braten.

Die Champignonköpfe mit der Masse füllen und auf einem geölten Blech im vorgeheizten Backofen bei etwa 160 Grad ungefähr 10 Minuten garen. Den Ofen ausschalten und bis zum Servieren (mindestens jedoch 10 weitere Minuten) im Ofen lassen.

Tapa-Variationen

La Coruña

TORTILLA DE PATATAS

KARTOFFELOMELETT

Sicher neben einem Dutzend weiterer Gerichte einer der Klassiker der spanischen Küche. Die Tortilla kennt zahllose Variationen, und wahrscheinlich kommt irgendwo in Spanien täglich eine neue Tortilla auf den Tisch. Oft wird die Kartoffel zwar als Basis genutzt, aber gerne nimmt man auch Möhren, Blumenkohl, Mangold oder fast jedes andere Gemüse für eine der unzähligen Varianten, die dem Gast in spanischen Familien, aber auch in Bars serviert werden. Hinzu kommt, daß die Tortilla de Patatas sowohl warm als auch kalt, als Hauptgericht oder Beilage und sogar zwischen zwei Scheiben Brot gegessen werden kann. Und natürlich darf die Tortilla bei keinem Tapa-Buffet fehlen. Hier das klassische Grundrezept:

600 g Kartoffeln
6 Eier
Olivenöl
Salz

Nach Wunsch:

6 Knoblauchzehen
Weißer Pfeffer aus der Mühle
Zwiebeln

Man rechnet 100 g geschälte Kartoffeln pro Ei und rund 150 g Tortilla pro Person. Die Pfanne sollte so gewählt werden, daß die Tortilla zwischen 3 und 4 cm dick wird; so bekommt sie die richtige Konsistenz. Die geschälten Kartoffeln in Scheiben oder Streifen schneiden und auf Küchenpapier trocknen.

Den Boden einer Pfanne fingerdick mit Olivenöl bedecken. Die Kartoffeln bei mittlerer Hitze ungefähr 15 bis 20 Minuten garen (die Kartoffeln müssen goldgelb bleiben und dürfen keinesfalls angebräunt sein). Die Kartoffeln mit einem Schaumlöffel aus der Pfanne nehmen (sie sollten noch Biß haben) und zum ›Entölen‹ auf Küchenpapier geben. In einer Schüssel die Eier unterziehen, so daß sich das Gelb und das Weiß nur leicht mischen. Salzen und vielleicht etwas weißen Pfeffer aus der Mühle hinzugeben. Die Kartoffeln und die Eimasse in die Pfanne geben und zunächst von einer Seite 3 bis 4 Minuten

Pamplona

La Coruña

garen lassen, bis das Ei gestockt ist. Von der anderen Seite dann nur maximal 2 Minuten garen, so daß die Tortilla innen noch feucht ist. Die Tortilla wird zum Wenden auf einen Teller gestürzt und mit der länger gegarten Seite nach oben serviert. Wird die Oberseite mit Olivenöl eingepinselt, hält sich die Tortilla länger frisch.

Varianten sind: das Hinzufügen von gewürfelter Gemüsezwiebel und/oder zerdrückten Knoblauchzehen in der Schale, die zusammen mit den Kartoffeln gegart werden. Dieses einfache Gericht – egal in welcher Variation – muß sorgfältig zubereitet werden.

PATATAS A LA IMPORTANCIA

›WICHTIGE‹ KARTOFFELN

Eines der vielen schmackhaften Gemüsegerichte, die die spanische Küche bereithält. Diese einfachen und guten Gerichte sind die Überraschungen in vielen Tapa-Bars, auch in ländlichen Gegenden. Da gibt es endlose Variationen der Kartoffel-, Auberginen- und Paprikazubereitung. Hier also die ›wichtigen‹ Kartoffeln:

4 große Kartoffeln,
geschält und in 1 cm dicke
Scheiben geschnitten
1 große Gemüsezwiebel, feingehackt
6 Knoblauchzehen, feingehackt
3 Eier, mit etwas Milch verquirlt
2 große Tomaten, gehäutet,
entkernt und fein gewürfelt
0,2 l Brühe
Mehl
Olivenöl
Salz
Weißer Pfeffer aus der Mühle

Die Kartoffelscheiben zunächst bemehlen und dann in den mit etwas Milch verquirlten Eiern wenden. In einer gußeisernen Pfanne fingerhoch Olivenöl erhitzen und die umhüllten Kartoffelscheiben darin goldbraun ausbacken. In eine feuerfeste Auflaufform geben.

Palma

In derselben Pfanne die feingehackten Zwiebeln und Knoblauchzehen andünsten, die Tomatenwürfel dazugeben und zu einer sämigen Sauce garen. Mit der Brühe auffüllen, bis alles um die Hälfte eingekocht ist. Über die Kartoffeln geben und im vorgeheizten Backofen bei 140 Grad noch 12 bis 15 Minuten nachgaren.

PATATAS BRAVAS

SCHARFE KARTOFFELN

Scharfe spanische Bratkartoffeln – einfach und delikat:

500 g festkochende Kartoffeln, geschält
3 scharfe Chilischoten
8 Knoblauchzehen, 4 davon geschält
Olivenöl
Salz
Schwarzer Pfeffer aus der Mühle

Die geschälten Kartoffeln je nach Größe vierteln oder achteln. Mit einem Küchentuch trocknen. Einen gußeisernen Bräter oder eine Tonschale *(Greixonera)* mit ca. $^{1}/_{4}$ l Olivenöl erhitzen. Kurz bevor das Öl zu rauchen beginnt, die Kartoffeln, die vier ungeschälten, aufgedrückten Knoblauchzehen und eine in Streifen geschnittene Chilischote unter ständigem Rühren scharf anbraten, so daß die Kartoffeln von allen

Barcelona

Seiten goldbraun werden. Die vier geschälten Knoblauchzehen in feine Scheiben schneiden. Die beiden restlichen Chilischoten in dicke Scheiben schneiden.

Die Knoblauchzehen und die Stücke der Chilischote zwischen den angebratenen Kartoffeln entfernen, etwas Olivenöl und die Knoblauchzehenscheiben sowie die Scheiben der Chilischoten hinzugeben und in einem vorgeheizten Backofen (180 Grad) ungefähr 35 Minuten garen lassen.

PATATAS A LA RIOJANA

KARTOFFELN RIOJA-ART

Kartoffeln werden in Spanien gerne mit Gemüse oder im Sud gegart, auch Geschmortem hinzugefügt und nur sehr selten als Beilage gereicht. Eine dieser Kartoffelzubereitungen, die oft und gerne als Tapa angeboten wird, ist das folgende Rezept aus dem Rioja:

500 g festkochende Kartoffeln, geschält
200 g Chorizo

1 Zwiebel, feingehackt
3 Knoblauchzehen, geschält und gestiftelt
Olivenöl
$^{1}/_{4}$ l Brühe
Salz
Schwarzer Pfeffer aus der Mühle

Die Kartoffeln je nach Größe vierteln oder achteln. Die Chorizo in kleine Stücke schneiden. Den Boden eines gußeisernen Bräters mit Olivenöl bedecken und erhitzen. Die Chorizostückchen, die Zwiebel und die Knoblauchstifte unter ständigem Rühren scharf anbraten. Etwas Olivenöl hinzugeben und dann die Kartoffeln. Unter ständigem Rühren alles noch einmal andünsten, dann mit der Brühe ablöschen und 25 Minuten bei milder Hitze köcheln lassen. Salzen, pfeffern und servieren.

PATATAS AL LIMON

ZITRONENKARTOFFELN

Ein auf den ersten Blick ungewöhnliches Rezept: Kartoffeln und Zitrone zusammen; aber eine außergewöhnlich erfrischende Tapa an heißen Sommertagen in Andalusien und anderswo.

500 g kleine festkochende Kartoffeln
2 Zitronen
0,2 l Fleischbrühe
0,2 l Sherryessig
6 Knoblauchzehen, feingehackt
1 Bund glatte Petersilie
Olivenöl, kaltgepreßt
Salz
Weißer Pfeffer aus der Mühle
Kümmel

Die Kartoffeln waschen und mit der Schale und einer kleinen Handvoll Kümmel 20 Minuten kochen lassen. In einer Schüssel den Saft der zwei Zitronen mit der Fleischbrühe, dem Sherryessig, dem feingehackten Knoblauch, der gehackten Petersilie, Salz und Pfeffer aus der Mühle mischen. Gut durchrühren.

Die Kartoffeln abpellen und sofort in 1,5 bis 2 cm dicke Scheiben schneiden. Die Marinade dazugeben und gut vermischen. Durchziehen lassen. Mit Olivenöl begießen und servieren. Falls nötig, nochmals salzen und pfeffern. Eiskalten Fino dazu servieren!

PIMIENTOS AL HORNO O A LA BRASA

PAPRIKA AUS DEM OFEN

Ein wunderbares Rezept, um die grellroten, prallen Paprika, die auf den Märkten Spaniens so sehr ins Auge fallen, zuzubereiten. So kommt ihr Geschmack richtig zur Geltung:

4 große rote Paprikaschoten
4 Knoblauchzehen
Olivenöl
Sherryessig

Sevilla

Salz
Weißer und schwarzer Pfeffer aus der Mühle

Den Backofen auf 250 bis 280 Grad vorheizen. Die Paprikaschoten auf einem Rost oder Gitter hineingeben, bis sie nach 15 bis 20 Minuten rundherum Blasen werfen und die Haut dunkelbraun bis schwarz wird.

San Sebastián

Die Schoten herausnehmen, enthäuten, entkernen und in fingerbreite Streifen schneiden. Während die Paprikaschoten im Ofen garen, kann man die Knoblauchzehen schälen, in feine Streifen schneiden und mit dem Sherryessig marinieren. Die Paprikastreifen noch lauwarm dazugeben und in der Marinade wenden. Salzen und pfeffern und mit Olivenöl begießen.

Im Norden Spaniens, der Navarra und im Baskenland werden die Paprikastreifen nochmals angebraten und mit Chili und scharfem Paprikapulver nachgewürzt. Das scheint dann angebracht, wenn man keine vollreifen Paprikaschoten, sondern nur Treibhausware bekommt; ansonsten ist der Geschmack einer vollreifen Paprika nicht zu übertreffen. Kalter trockener Sherry Fino paßt zu beiden Rezepten wunderbar.

Madrid

PIPARRADA

EIER MIT PAPRIKASCHOTEN

Dieses ›Paprikaomelett‹ findet man in vielen Tapa-Bars im Baskenland. Frisch zubereitet und gegessen ist es immer eine Delikatesse. Die Paprikaschoten und die Tomaten müssen allerdings reif sein. Unreife Früchte würden die Piparrada vielleicht etwas bitter schmecken lassen.

2 Paprikaschoten, rot oder grün,
entkernt und in Streifen geschnitten
8 Tomaten, gehäutet, entkernt,
in Würfel geschnitten
1 Zwiebel, feingehackt
4 Eier
2 Knoblauchzehen, feingehackt
80 g Serrano- oder salzarmer, roher Schinken,
in feine Streifen geschnitten
Olivenöl
Salz
Weißer Pfeffer aus der Mühle

In einer gußeisernen Bratpfanne Olivenöl erhitzen. Zunächst die Zwiebeln andünsten, dann den Knoblauch und die Paprikaschoten dazugeben. Nach 5 Minuten die Tomaten und die Schinkenstreifen hineingeben. Bei mittlerer Hitze so lange garen, bis die Tomaten sämig sind. Salzen und pfeffern. Die Eier in einem Suppenteller einige Male mit einer Gabel verrühren. Die Mischung aus Paprika, Tomate und Schinken gleichmäßig in der Pfanne verteilen. Die Eier darüber geben. Nicht verrühren!

Bei kleiner Hitze so lange garen lassen, bis die Eier gestockt sind. Oder im Backofen bei Oberhitze fertig garen. Vor dem Servieren auf einen Teller stürzen. Weißwein oder gekühlten trockenen Sherry dazu reichen.

Barcelona

PIMIENTOS CON NATA

PAPRIKASCHOTEN MIT SAHNE

Die Provinz Aragón, nördlich von Katalonien am Fuß der Pyrenäen, ist für ihre *pimientos de pequillo* in ganz Spanien bekannt. Diese besonders langen, scharfen Paprikaschoten haben die Köche dort zu einem außergewöhnlichen Rezept inspiriert, das sich auch erfolgreich mit reifen, roten Gemüsepaprika zubereiten läßt. Man kann die Gemüsepaprika mit Sahne mit scharfem Chili-Paprika nachwürzen oder weniger Zucker nehmen.

4 rote Paprikaschoten
0,2 l Sahne
(Crème Epaisse, Crème Fraîche oder Sauerrahm mit mindestens 30 % Fett)
Salz
Zucker
Rotes Paprikapulver (scharf), nach Geschmack

Die Schoten in einem stark erhitzten Backofen (280 Grad) 15 bis 20 Minuten rösten, dabei immer wieder wenden, damit die Haut von allen Seiten aufplatzt. Die Paprikaschoten in eine Porzellanschüssel geben und mit einem Teller oder Deckel abdecken, bis sie etwas abgekühlt sind (5 bis 10 Minuten). Dann die Paprikaschoten über der Schüssel so häuten, daß aller Saft und Sud aus den Schoten aufgefangen wird. Deckel, Spitze und Gehäuse sowie Kerne entfernen. Die Schoten in 5 bis 6 breite Längsstreifen schneiden und im Backofen warmstellen. Die enthäuteten Deckel und Spitzen sowie die Gehäuse (ohne Kerne) mit einem Pürierstab zerkleinern oder durch ein feines Sieb drücken.

Die Sahne erhitzen – nicht kochen! – und, falls das Gericht mit normalen, nicht den scharfen Pimientos zubereitet wurde, mit scharfem Paprikapulver, Salz und etwas Zucker würzen, bevor die Paprikamasse untergezogen wird. Die Sauce auf einer vorgewärmten Platte ausgießen. Die warmgehaltenen Paprikastreifen darauf anrichten.

Sevilla

San Sebastián

Dazu gibt es in Aragón einen Blanco de Blancos, z. B. von den Bodegas Calanne, oder einen trockenen Sherry.

CALABACINES RELLENOS ESTILO ANDALUZ

GEFÜLLTE ZUCCHINI ANDALUSISCHE ART

Dieses Rezept läßt sich auch mit Auberginen zubereiten. Die Hackfleischfüllung kann man variieren. Meistens wird Schweinefleisch genommen oder eine Mischung von Rind- und Schweinefleisch. Bei Auberginen wird auch Lammfleisch verwendet. Nur Zucchini mit Lammfleisch scheint nicht geläufig zu sein. Ansonsten wird man in Andalusien auf zahlreiche Varianten treffen. Schmackhaft sind sie immer – wenn sie frisch zubereitet wurden.

6 Zucchini, eher klein
120 g Hackfleisch (Schwein, Rind)
60 g grüne Oliven, gehackt
60 g Rosinen
1 Zwiebel, feingehackt
2 Eier, hartgekocht
Salz
Weißer Pfeffer aus der Mühle

Für die Sauce:

1 Zwiebel, feingehackt
0,2 l Brühe
0,1 l trockener Sherry
Je 25 g Pinienkerne und Mandeln, gemahlen
Mehl
Olivenöl
Salz

Die Zucchini schälen und in der Mitte quer durchschneiden. Mit einem Apfelausstecher mehrfach in die Mitte stechen, um so ein gleichmäßig großes Loch für die Füllung zu öffnen.

Palma

Sevilla

Den Boden einer Pfanne mit Olivenöl bedekken, erhitzen und für die Sauce die feingehackte Zwiebel leicht anbräunen. Mit einem feinen Sieb einen Eßlöffel Mehl über die Zwiebeln stäuben und eine Mehlschwitze vorbereiten. Mit dem trockenen Sherry ablöschen und mit der Brühe auffüllen. Unter ständigem Rühren aufkochen und dann bei kleiner Hitze köcheln lassen.

Für die Zucchini-Füllung in einer zweiten Pfanne währenddessen die feingehackte Zwiebel in Olivenöl anbräunen, das Hackfleisch dazugeben und anbraten. Rosinen, Oliven und hartgekochte Eier untermischen und damit die aufrecht gestellten Zucchini füllen. Diese in Mehl und verquirltem Ei wenden, um sie dann in der Pfanne in Olivenöl rundherum braun zu braten. In eine feuerfeste Form geben. Die gemahlenen Pinien- und Mandelkerne darüberstreuen und die Sauce gleichmäßig darüber verteilen. Zugedeckt im Backofen bei 110 Grad 20 Minuten garen lassen. Jede Hälfte einer Zucchini ergibt in 4 Scheiben geschnitten eine Tapa-Portion.

ESPINACAS AMB PANSES I PINYONS

SPINAT MIT ROSINEN UND PINIENKERNEN

Diese katalanische Art, Spinat zuzubereiten, geht auf die Araber zurück. Mit dieser Spinatvariante kann man auch ein Omelett oder eine Quiche füllen. Alles paßt auf ein Tapa-Buffet.

500 g frischer Spinat
30 g Rosinen
30 g Pinienkerne
50 g gekochter Schinken, gehackt
2 Knoblauchzehen, gehackt
Olivenöl
Salz
Weißer Pfeffer aus der Mühle

In einer gußeisernen Kasserolle den Boden mit Olivenöl bedecken. Den gehackten Knoblauch mit dem gekochten Schinken bei mittlerer Hitze andünsten. Die Pinienkerne und Rosinen dazugeben. Den Spinat sorgfältig waschen. Stile entfernen und die Blätter abtrocknen. Den Spinat

Barcelona

Barcelona

mit etwas Olivenöl in die Kasserolle zu den Pinienkernen, dem Schinken und den Rosinen geben. Unter ständigem Rühren garen, bis der Spinat zusammenfällt. Salzen und pfeffern und bei geschlossenem Deckel und kleiner Hitze nachgaren lassen.

PISTO MANCHEGO

GEMÜSEPFANNE AUS DER MANCHA

Dieses Gemüse aus der Mancha, das nach dem Garen die Konsistenz einer Paste hat, ist der französischen Ratatouille verwandt und kann sowohl warm als auch kalt gegessen werden. Das eigentliche Rezept enthält einige Knoblauchzehen, die in der Schale mitgegart werden. Wenn es später kalt gegessen werden soll, ist es ratsam, mit einigen geschälten und im Mörser zerstampften Knoblauchzehen sowie einem Schuß kaltgepreßtem Olivenöl nachzuwürzen. Am schmackhaftesten ist das Pisto Manchego, wenn es eiskalt auf frisch getoastetes Brot gestrichen wird.

Barcelona

Barcelona

3 Tomaten,
Stielansätze entfernt und geachtelt
1 rote und 1 grüne Paprikaschote,
Kerngehäuse entfernt und geachtelt
1 Zucchino, in Würfel geschnitten
1 Aubergine, in Würfel geschnitten
2 Zwiebeln, in Streifen geschnitten
12 Knoblauchzehen mit Schale
150 g durchwachsener Speck
Olivenöl
Salz
Schwarzer und weißer Pfeffer aus der Mühle

Den Boden einer gußeisernen Pfanne mit Olivenöl bedecken und erhitzen. Den in kleine Würfel geschnittenen Speck mit den Knoblauchzehen hineingeben und unter ständigem

Rühren so lange garen, bis der Speck ausgelassen ist. Zunächst die Zwiebeln, dann die restlichen Gemüse nach und nach hinzugeben. Zum Schluß die Tomaten. Wenn alles gut angeschmort ist, unter ständigem Rühren bei kleiner Hitze 30 bis 40 Minuten garen, bis ein konsistentes Gemüsepüree entstanden ist. Mit Salz und hellem und dunklem Pfeffer aus der Mühle würzen.

Das Pisto Manchego wird auch mit Fenchelsamen gewürzt serviert. Geschmackssache. Ein kalter, kräftiger Weißwein paßt immer dazu und natürlich eiskalter trockener Sherry.

AGUACATE ESTILO ANDALUZ

AVOCADOS ANDALUSISCHE ART

Die frischen Avocados werden mit einer lauwarmen Beize mariniert. Eine Tapa, aber auch eine Vorspeise.

4 kleine Avocados, halbiert
2 Zwiebeln, feingehackt
4 Knoblauchzehen, geschält und feingehackt
1 Teelöffel Koriander
1 Teelöffel Kreuzkümmel, gestoßen
1 Prise scharfes Paprikapulver
1/2 Bund glatte Petersilie, Blätter gehackt

Madrid

0,2 l Olivenöl
Sherryessig
Salz
Weißer Pfeffer aus der Mühle

Das Olivenöl in einer Pfanne erhitzen. Die Zwiebeln und den Knoblauch goldgelb andünsten. Den Koriander, den Kreuzkümmel, das Paprikapulver und die gehackten Petersilienblätter dazugeben sowie einen Spritzer Sherryessig. Mit Salz und Pfeffer abschmecken. Vom Feuer nehmen und zur Seite stellen.

Die Avocados halbieren und den Stein entfernen; die halben Früchte mit einem scharfen Messer sternförmig um das Loch herum einschneiden. Mit einem Eßlöffel das noch heiße Öl mit den Gewürzen in das Loch der Avocado geben. 20 Minuten ziehen lassen.

Sevilla

ALCACHOFAS A LA PARRILLA

GEGRILLTE JUNGE ARTISCHOCKEN

Schon im März werden die ersten jungen Artischocken auf den Märkten in Spanien angeboten. In manchen Gegenden wachsen sie an den Feldrainen. Man erkennt sie am dunklen Lila ihrer Blätter. Es sind diese Artischocken und die ganz kleinen, grünen, die für dieses Rezept genommen werden. Große Artischocken müßten vorgekocht werden und können dann auch gegrillt werden.

12 junge kleine Artischocken
Olivenöl
1 Zitrone
Salz
Weißer Pfeffer aus der Mühle

Die Deckblätter und die harten Spitzen der Artischocken entfernen und den Boden am Stielansatz abschneiden. Halbieren. Auf einem Grill oder einer Grillpfanne die Artischocken mit den Schnittstellen nach unten auf die Glut bzw. in die Pfanne legen. Etwa 7 bis 9 Minuten grillen. Die Artischocken mit den Schnittstellen nach oben in der Pfanne anordnen. Vorsichtig Olivenöl hineinträufeln. Noch einmal 5 bis 7 Minuten grillen. Salzen und pfeffern und den Saft einer halben Zitrone darübergeben. Mit den Schnittstellen nach oben servieren, damit das schmackhafte Olivenöl, das den inneren Teil der Artischocke gegart hat, nicht ausläuft.

La Coruña

ACELGAS CON CHAMPIÑONES

MANGOLD MIT CHAMPIGNONS

Gemüsevariationen sind Bestandteil des Tapa-Buffets in vielen Bodegas und Tascas. Das morgendliche Angebot auf dem Markt bestimmt oft den Speiseplan. So entstehen häufig Kombinationen von Gemüsen, weil sie gleichzeitig angeboten werden. Manche dieser Kombinationen finden dann ihren Weg in das feste Repertoire.

750 g Mangold
250 g Champignons, in Scheiben geschnitten
2 Zwiebeln, gewürfelt
0,1 l trockener Sherry Don Fino
Olivenöl
Salz
Weißer Pfeffer aus der Mühle

Den Mangold waschen und den äußeren Teil der Blätter abschneiden. In wenig Wasser dünsten, bis die Stiele immer noch starken Biß haben, aber schon fast gar sind. In ein Sieb geben.

In einer gußeisernen Pfanne etwas Öl erhitzen. Die Zwiebeln mit den Champignonscheiben scharf anbraten. Mit dem Sherry ablöschen. Den Mangold in Streifen schneiden und dazugeben. Alles noch einmal durchschwenken, salzen, pfeffern und servieren.

Pamplona

Pamplona

HABAS TIERNAS A LA MALLORQUINA

DICKE BOHNEN MALLORQUINISCHE ART

Dicke Bohnen sind ein fester Bestandteil des mallorquinischen Speiseplans und werden in den Tapa-Bars in zahllosen Varianten angeboten. Diese Zubereitungsart ist sehr typisch für die Insel Mallorca.

500 g frisch ausgehülste dicke Bohnen
1 Bund Frühlingszwiebeln, geschält und geschnitten
1 Gemüsezwiebel, gewürfelt
2 Tomaten, gehäutet und gewürfelt
2 Knoblauchzehen, geschält und in Scheiben geschnitten
1 große Kartoffel, gewürfelt
3 Artischocken
100 g durchwachsener Speck, gewürfelt
1 kleine Butifarrón (Blutwurst)
2 Tassen frische Milch
Olivenöl
Je ein Zweig Minze, Fenchel, Majoran, gehackt
Bohnenkraut
Salz
Pfeffer
Zitronensaft

Die von den harten Blättern befreiten halbierten Artischocken in Wasser und Zitronensaft einlegen. In einer gußeisernen Kasserolle den Speck, die gewürfelte Gemüsezwiebel, die Tomaten und die Knoblauchzehen andünsten. Mit zwei Tassen kalter Milch ablöschen. Die dicken Bohnen, die Artischocken, die Kartoffelwürfel und die Blutwurstscheiben, Frühlingszwiebeln, Min-

La Coruña

ze, Fenchel, Bohnenkraut und Majoran hinzugeben. Salzen und pfeffern. Zugedeckt bei mittlerer Hitze ca. 30 Minuten köcheln lassen. Immer wieder rühren. Bei Bedarf mehr Milch hinzugeben.

ENSALADA CON HABAS Y PATATAS

GRÜNE BOHNEN-KARTOFFELSALAT

Die Salatvielfalt Italiens oder Frankreichs wird man in Spanien trotz bester Gemüsequalitäten nicht finden. Die *ensalada mixta* ist eher eine Konzession an die Touristen, und in der Regel wird der Romana-Salat als Dekoration verwendet, die man im Ernstfall auch essen kann. Probieren Sie dieses Rezept einmal mit einem kräftigen Romana-Salat, der darunter gemischt wird.

500 g Kartoffeln, geschält
500 g grüne Bohnen
300 g ausgeschotete Erbsen
3 Artischockenherzen
Olivenöl
Sherryessig
1 Knoblauchzehe, geschält und feingehackt
Salz
Pfeffer

Die Artischockenherzen kochen, so daß sie noch Biß haben. Bohnen und Erbsen blanchieren (6 Minuten). Mit kaltem Wasser abschrekken. Die Kartoffeln kochen und erkalten lassen. Artischockenherzen in Scheiben schneiden. Die grünen Bohnen halbieren. Die Kartoffeln würfeln. Alles mit den Erbsen mischen. Sherryessig, Knoblauch, Salz, Pfeffer und Olivenöl verrühren und über den Salat geben. Mehrmals unterziehen.

COLIFLOR REHOGADA

ERTRUNKENER BLUMENKOHL

An Markttagen in den Städten sind die Tapa-Theken in den Bars um den Marktplatz herum besonders einladend und voll. Zum üblichen Angebot kommen einige Tapas hinzu, die vom Tagesangebot bestimmt werden: Gemüse der Saison und kleine, frische Fische in pikanter Sauce. Wenn man alles einmal probieren möchte, bestellt man ein *variado.* Dann bekommt man eine Tapa-Schale randvoll und hoch bepackt mit einigen Kostproben von der Tapa-Theke.

1 Blumenkohl
2 Knoblauchzehen, geschält und in feine Scheiben geschnitten
80–100 g Rosinen
100 ml Olivenöl
Salz
Schwarzer Pfeffer aus der Mühle

Den Blumenkohl putzen und in Röschen zerlegen. In kochendem Wasser 5 Minuten blanchieren. In einer Kasserolle das Öl erhitzen, den Knoblauch und die Rosinen hineingeben und goldbraun braten. Die Blumenkohlröschen hinzugeben. Salzen, pfeffern und mit etwas Kochwasser ablöschen. Bei niedriger Temperatur und unter ständigem Wenden ca. 12 Minuten garen lassen. Die Blumenkohlröschen sollten beim Servieren noch Biß haben.

ENSALADA DE VERANO

SOMMERSALAT

Dieser schnell zubereitete, köstliche Salat ist ein Herzstück der mediterranen Küche. Das Geheimnis dieses ›Sommersalates‹ ist schnell erzählt: Tomaten, Paprika und weiße Zwiebeln von hervorragender Qualität auf dem Höhepunkt ihres Aromas, also zu Beginn des Sommers.

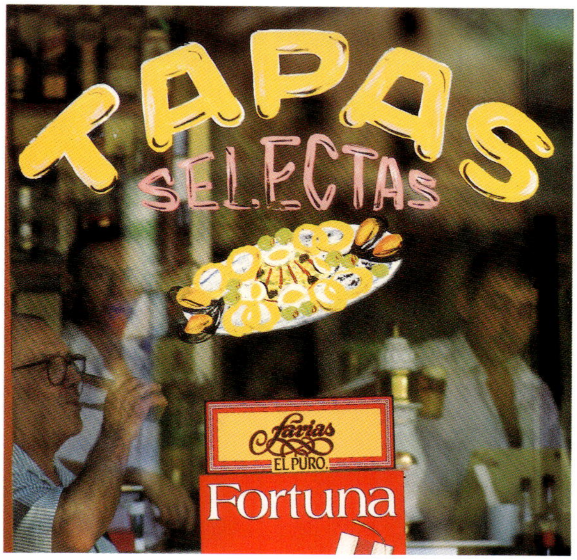

Barcelona

2 weiße Sommer- bzw. Gemüsezwiebeln
3 grüne, längliche Paprikaschoten, römische Sorte
4 große, reife Salattomaten
Sherryessig
Olivenöl
Salz
Weißer Pfeffer aus der Mühle

Barcelona

Puerto Olimpico Barcelona

Sevilla

Barcelona

Die Zwiebeln schälen, achteln und in quadratische Stücke schneiden. Die Tomaten blanchieren, die Haut abziehen, dann vierteln und in Stücke schneiden. Die Paprikaschoten halbieren, von Kernen und Rippen befreien und in mundgerechte Stücke schneiden. Die Zwiebelstücke unter fließendem Wasser waschen, in einem Küchentuch trocknen. Zwiebeln, Tomaten und Paprika mischen, salzen und mit gemahlenem Pfeffer würzen. Sherryessig und Olivenöl darübergeben. Noch einmal gut mischen und auf einer Platte anrichten.

CAZUELA DE BERENJENAS

AUBERGINENAUFLAUF

Eine beliebte Tapa auf den Balearen, in Katalonien und der Levante, die auch gerne als kleine Mahlzeit gereicht wird.

4 schöne reife Auberginen
4 grüne Paprikaschoten
8 mittelgroße, festkochende Kartoffeln
8 Knoblauchzehen, geschält und in Scheiben geschnitten
2 feste Zucchini
1 kg reife Tomaten für die Sauce
Olivenöl
Salz
Weißer Pfeffer aus der Mühle

Für die Tomatensauce zunächst die reifen Tomaten in Stücke schneiden. In einer gußeisernen Kasserolle 4 Knoblauchzehen in etwas Olivenöl anbraten und die Tomaten hinzufügen. Bei geringer Hitze schmoren lassen. Von Zeit zu Zeit rühren. Die Auberginen und die Zucchini in Scheiben schneiden, mit Salz bestreuen und 30 Minuten zur Seite stellen. Die Paprikaschoten waschen, halbieren, Kerne und Rippen entfernen und in Stücke schneiden. Die Kartoffeln schälen, in Scheiben schneiden und auf Küchenpapier trocknen.

Barcelona

In einer zweiten Kasserolle Olivenöl (ca. 3 Finger hoch) erhitzen. Die Kartoffelscheiben nach und nach darin fritieren, abtropfen lassen und in eine Auflaufform geben. Auberginen und Zucchini im verbliebenen Öl fritieren und abtropfen lassen, um sie dann über die Kartoffeln zu schichten. Anschließend die Paprikastücke mit den restlichen Knoblauchzehen fritieren, abtropfen lassen und über die Kartoffeln, Auberginen und Zucchini schichten.

Es ist wichtig, daß möglichst wenig Olivenöl an oder in dem Gemüse bleibt. Salz und Pfeffer aus der Mühle darüber geben. Danach die gekochte Tomatensauce (sie sollte um ein Drittel reduziert sein) durch ein Sieb über die Gemüse geben.

Die feuerfeste Kasserolle im vorgeheizten Backofen bei 170 Grad gut 10 Minuten garen. Heiß oder kalt servieren. Die Cazuela kann auch am nächsten Tag wieder aufgewärmt werden.

COCA DE PIMIENTOS ROJOS

BLECHKUCHEN MIT ROTEN PAPRIKASCHOTEN

Die Blechkuchen *(cocas)* sind in Katalonien in unzähligen Variationen mit Fisch, Fleisch, Gemüse und Geflügel erhältlich. Dieses Rezept ist ein schönes Beispiel für einen Blechkuchen mit Gemüse.

Barcelona

Für den Teig:

500 g Mehl, Type 405
20 g Hefe
1 Prise Zucker
100 ml Orangensaft
50 ml lauwarmes Wasser
100 g Schweineschmalz

Für den Belag:

4 große, rote Paprikaschoten
2 Knoblauchzehen, geschält und in Scheiben geschnitten
100 ml Olivenöl
100 g schwarze Oliven
Salz
Schwarzer Pfeffer aus der Mühle

La Coruña

Für den Teig zunächst die Hefe in lauwarmem Wasser auflösen, mit 1 Prise Zucker und 1 Eßlöffel Mehl verrühren, zur Seite stellen und gehen lassen. Die Hälfte des Schweineschmalzes mit dem Ei verkneten. Das Mehl auf die Tischplatte geben, in der Mitte eine Vertiefung eindrücken, den Vorteig hineingeben und nach und nach das Schweineschmalz mit dem Ei und dem angewärmten Orangensaft hinzugeben. Unterkneten, bis ein nicht zu trockener, geschmeidiger Teig entsteht, der zum Aufgehen zur Seite gestellt wird.

Die Paprika in einem gut vorgeheizten Backofen bei 200 Grad etwa 30 Minuten backen, enthäuten und in Streifen schneiden. Die Knoblauchzehen unter die Paprikastreifen mischen, salzen und pfeffern. Das rechteckige Backblech mit dem restlichen Schweineschmalz bestreichen, den Teig ausrollen und auf das Blech geben. Die Paprikastreifen und den Knoblauch auf dem Teig verteilen und im heißen Backofen bei 220 Grad ca. 30 Minuten backen. Die schwarzen Oliven 5 Minuten vor dem Ende der Garzeit auf dem Blechkuchen verteilen. Nach dem Herausnehmen mit Olivenöl beträufeln. Kann warm und kalt serviert werden.

Croquetas de Pollo

Barcelona

TORTILLA DE ESPINACAS CON BERENJENAS

SPINAT-AUBERGINEN-OMELETT

1 großes Bund Spinat
4 kleine, weiche Auberginen
8 Eier
Olivenöl
30 g Butter
Salz
Weißer Pfeffer aus der Mühle

Den Spinat gut waschen, Stiele entfernen und in Streifen schneiden. In viel Wasser blanchieren, in einem Sieb abtropfen lassen und warmstellen.

Die Auberginen schälen, vierteln und in Scheiben schneiden. In einer gußeisernen Bratpfanne in Olivenöl und etwas Butter anschmoren. Kurz bevor die Auberginen gar sind, die abgetropften Spinatstreifen hinzugeben. Untermischen und mit Salz und Pfeffer abschmecken.

Die Eier lange schlagen und Auberginen und Spinat unterziehen. Nochmals nachwürzen. In einer gußeisernen Pfanne etwas Olivenöl erhitzen und darin die Tortilla von beiden Seiten braun anbraten (wenden mit Hilfe eines Tellers). Achten Sie darauf, daß die Pfanne immer richtig heiß ist, nur so wird die Tortilla außen goldbraun, bleibt innen sämig und entfaltet ihr ganzes Aroma (durchgegart schmeckt sie nur halb so gut.)

San Sebastián

TORTILLA DE VERDURAS

OMELETT MIT GEMÜSEN

Dieses Omelett ist typisch für die Tapa-Theke und eine schöne Abwechslung zur *Tortilla Española.*

8 Eier
2 Möhren, geschält, halbiert und in Scheiben geschnitten
1 Bund Winterzwiebeln, geachtelt
1/2 Blumenkohl, in Röschen
4 Artischocken, geachtelt und gesäubert
4 große Kartoffeln, geschält, halbiert und in Scheiben geschnitten
2 Knoblauchzehen, geschält und in Scheiben geschnitten
4 Stiele glatte Petersilie
Majoran
Salz
Weißer Pfeffer aus der Mühle
Olivenöl

In einer gußeisernen Pfanne Olivenöl erhitzen. Die Kartoffeln, Knoblauchzehen, Möhren, die geschnittenen Winterzwiebeln und die Artischokken hineingeben, einige Minuten braten, dann die Blumenkohlröschen dazugeben. Weitere 3

San Sebastián

bis 4 Minuten garen und anschließend herausnehmen. Auf Küchenpapier abtropfen lassen und zur Seite stellen. In einem Mörser Petersilie und Majoran zerdrücken. Die Eier mit den Kräutern verquirlen, das Gemüse unter die Eier ziehen und alles in die heiße Pfanne geben. Die Tortilla zunächst von einer Seite bräunen und mit Hilfe eines Tellers wenden. Innen sollte die Tortilla noch sämig sein, außen fest.

TOMATES EMPANADOS FRITOS

GEBACKENE, PANIERTE TOMATEN

Dieses Gericht war in Spanien schon bekannt, bevor es durch einen Film berühmt wurde. In Amerika sind die Tomaten grün. Für dieses Rezept sollten sie reif sein.

4 Fleischtomaten, in dicke Scheiben geschnitten
4 Eier
2 Zweige Majoran
200 g Paniermehl
Olivenöl
Salz

Madrid

San Sebastián

Die Tomatenscheiben salzen und zum Entwässern etwa 30 Minuten zur Seite stellen. Die Tomatenscheiben mit Küchenkrepp trockentupfen und im Paniermehl wenden. Die Eier mit den feingehackten Majoranblättern vermischen und die Tomatenscheiben mit dem Paniermehl durch das Ei ziehen, bevor sie erneut im Paniermehl gewendet werden. Panade andrücken und die Tomaten in einer Pfanne mit heißem Olivenöl ausbacken. Salzen und servieren.

HUEVOS A LA SOLLER

EIER NACH ART SOLLERS

Sóller ist eine Hafenstadt auf Mallorca, die traditionell, enge Bindungen zu Frankreich hat. Das Gemüsepüree, auf dem die Huevos a la Sóller angerichtet werden, wurde mit großer Wahrscheinlichkeit aus Frankreich importiert.

Für das Püree:

2 große Möhren
300 g Erbsen
4 kleine Stangen Lauch
100 ml Sahne
Muskatnuß
Weißer Pfeffer aus der Mühle
Salz

Für die Eier:

8 große Eier
8 Scheiben Sobrasada (pikante Mettwurst)
Olivenöl

Möhren und Lauchstangen in Stücke schneiden und zusammen mit den Erbsen in etwas Wasser rund 20 Minuten kochen. Das gekochte Gemüse aus dem Wasser nehmen und passieren. Sahne und Kochwasser hinzufügen, bis das Püree glattgerührt ist. Mit Muskatnuß, Salz und Pfeffer abschmecken. Im Ofenrohr warmstellen.

Zunächst die Sobrasada in einer großen Pfanne in Olivenöl braten. Auf Küchenkrepp abtropfen lassen und mit dem Püree warmstellen. In derselben Pfanne die Eier von einer Seite braten, während sie mit einem Löffel immer wieder von oben mit heißem Öl übergossen werden. Portionsweise das Püree mit zwei Scheiben Sobrasada und zwei Spiegeleiern anrichten. In den Tapa-Bars steht das Gericht in einer Auflaufform, in kleine Portionen mit einem Ei unterteilt.

TRONCOS DE ACELGAS REBOZADAS

PANIERTE MANGOLDSTIELE

Die Variationen an paniertem, fritiertem oder ausgebackenem Gemüse sind endlos in Spanien. Hier ein Rezept mit Mangoldstielen.

12 bis 15 Mangoldstiele, blanchiert
4 Eier
Mehl, Type 405
200 g Paniermehl
Olivenöl
Salz

Die blanchierten Mangoldstiele gut abtrocknen. In Mehl wälzen, in den geschlagenen Eiern wenden und anschließend panieren. In einer gußeisernen Pfanne zwei Finger hoch Olivenöl erhitzen und die panierten Mangoldstiele darin goldbraun ausbacken. Salzen und servieren.

ALCACHOFAS AL VINO DE MONTILLA

ARTISCHOCKEN MIT WEIN AUS MONTILLA

Sherry Amontillado wird aus Weinen aus Montilla produziert. Daher der Name. Dieses Rezept ist typisch für die Sherry-Region.

12 kleine Artischocken
1 Zwiebel
1 Zitrone, wenn möglich nicht behandelt
3 Knoblauchzehen, geschält und in Scheiben geschnitten
0,1 l Sherry Amontillado
2 Zweige Minze
Mehl
Olivenöl
Salz
Weißer Pfeffer aus der Mühle

Die Deckblätter der Artischocken entfernen, die Spitzen abschneiden, das Heu im Inneren ebenfalls entfernen, dann vierteln. Die Artischockenstücke in kaltem Wasser mit dem Saft einer halben Zitrone oder mit Zitronenscheiben – falls die Frucht nicht behandelt wurde – eine Viertelstunde zur Seite stellen. Anschließend 20 Minuten sprudelnd kochen lassen.

Barcelona

In einer gußeisernen Pfanne Olivenöl erhitzen und die gehackte Zwiebel und den Knoblauch darin goldbraun andünsten. Die Artischockenstücke gut abtrocknen, leicht bemehlen und in der Pfanne mit den Zwiebeln und dem Knoblauch von allen Seiten anbräunen. Mit dem Sherry Amontillado ablöschen. Die feingehackten Minzblätter dazugeben und alles noch einmal kurz durchschwenken. Salzen und pfeffern. Dazu paßt natürlich am besten ein gekühlter Amontillado.

QUESO MAHONES AL PEREJIL

KÄSE AUS MAHON MIT PETERSILIE

Eine Spezialität der Insel Menorca, die für ihren Käse aus Mahón berühmt ist. Dieses Rezept wird an vielen Orten Spaniens mit regionalen Schnitt- und Halbweichkäsen zubereitet.

200 g Käse aus Mahón
2 Eier, aufgeschlagen und mit einen Eßlöffel Milch verquirlt
100 g Paniermehl
1 Bund glatte Petersilie, feingehackt
Olivenöl
Salz

Den Käse in rechteckige Stücke von etwa 2 cm Dicke schneiden und von beiden Seiten fest in das Paniermehl drücken. Von allen Seiten in dem aufgeschlagenen Ei mit der Milch wenden. Erneut in das Paniermehl drücken. In einer gußeisernen Pfanne zwei Finger hoch Olivenöl erhitzen und die panierten Käsestücke darin goldbraun ausbacken. Auf Küchenkrepp kurz abtropfen lassen, dann in der feingehackten Petersilie wälzen. Warm servieren. Ein trockener Sherry paßt hervorragend dazu.

TAPA-BARS

Gute, wirklich gute und sehr gute Tapa-Bars in Spanien zu finden ist nicht einfach; aber es gibt Zeichen und Hinweise, die hilfreich sein können.

Vielfalt ist ein Zeichen dafür, daß die Tapa-Bar gerne besucht wird; aber nicht alle Tapas in dem oft enormen Angebot müssen gut sein. Achten Sie darauf, welche Tapas am häufigsten bestellt werden und von welchen sich die Kunden *raciones* (größere Portionen) bestellen. Eine Tapa-Bar, die nur sehr wenige (zwei bis vier) Tapas anbietet, hat entweder hervorragende oder sehr durchschnittliche Tapas. Denn: getrunken wird in Spanien nur, wenn es auch *algo para picar* – etwas zu picken, so die wörtliche Übersetzung – gibt. Also wäre die Botschaft einer Bar mit kleinem Tapa-Angebot: »Die drei

Tapas, die hier angeboten werden, sind so gut, daß ich nicht mehr brauche« oder »Wenn man unbedingt auf Tapas besteht – zu einem Getränk, bitteschön!«

Jede Tapa-Bar hat – wenn sie etwas auf sich hält – eine oder mehrere Spezialitäten. Vor allem an Markttagen werden von diesen Tapas größere Mengen in der Vitrine angeboten als von den anderen.

Wenn Sie unsicher sind, bestellen Sie zunächst eine *variada* – etwas von allem; da ist zwar immer auch der eine oder andere ›Ladenhüter‹ dabei, aber Sie riskieren nicht viel und bekommen einen Eindruck von der Qualität. Sind Sie einer der ersten Kunden vor dem Mittagessen, der *comida*, können die Tapas noch vom Vortag sein. Bestellen Sie dann eine Portion *jabugo*, diesen wunderbaren spanischen Schinken, der irgendwo auf oder hinter der Theke, mit einem Tuch abgedeckt, auf Kunden wartet. Der Jabugo ist immer ein Indikator dafür, wie ernst der Wirt sein Speisen- sprich Tapa-Angebot nimmt. Guter Jabugo hat seinen Preis. Eine normale Portion *para picar* kann schon soviel kosten wie ein preiswertes Tellergericht in demselben Restaurant. Taugt der Jabugo-Schinken – dieses Prestige-Lebensmittel – nicht, dann kann man fast sicher sein, daß auch die Tapas nicht überdurchschnittlich sind. Andererseits gibt es Tapa-Bars, die nur für ihren Schinken berühmt sind. Aber gute Tapas, schlechter Schinken – das haben wir auf unserer Tapa-Reise nicht erlebt.

In der Regel ist die Qualität des Tapa-Angebotes in den spanischen Restaurants, Bodegas, Tascas und Bars überdurchschnittlich gut. Häßliche, seit langem nicht renovierte Lokale haben meistens ein besseres Tapa-Angebot und vor allem auch mehr Charme.

Überraschungen im positiven Sinne kann man in großen Bars und Warteräumen, deren Einrichtung im wesentlichen plastikbeschichtet ist und von gnadenlosem Neonlicht beleuchtet wird, ähnlich erleben. Hier können die Tapas und das *menu* (ohne Umlaut gesprochen) ausgezeichnet sein, wenn ab 13.00 Uhr ein Lieferwagen und Kleinlaster nach dem anderen vor der Bar parkt und Fahrer sowie Beifahrer im Lokal verschwinden. Ähnlich wie bei den Routier-Restaurants in Frankreich sind zur Mittagszeit viele geparkte *furgonetas* (Lieferwagen) und *camiones* (Lastkraftwagen) ein Hinweis auf ein gutes und oft auch preiswertes Essen.

TAPA-LEXIKON

DIE BEGRÜSSUNG IN SPANIEN

BUENOS DIAS	Guten Tag (vom frühen Morgen bis zum Mittagessen, *la comida*)
BUENAS TARDES	Guten Nachmittag (nach dem Mittagessen bis zum Abendessen, *La Cena*)
BUENAS NOCHES	Gute Nacht (vom Abendessen bis in den frühen Morgen)

KURZFORMEN DER BEGRÜSSUNG

BUENAS	Guten ...
ADIOS	Auf Wiedersehen
HASTA LUEGO	Bis bald

AN DER TAPA-THEKE

UN FINO	Ein extra-trockener Sherry (Standardbestellung beim *tapeo*)
¿TIENEN TAPAS?	Haben Sie Tapas?
¿TIENEN ALGO PARA PICAR?	Haben Sie Kleinigkeiten zum Knabbern?
QUISIERAMOS PICAR ALGO	Wir möchten gerne etwas Knabbern.
PARA MI	Für mich.
UNA MANZANILLA	Ein Sherry aus Sanlúcar mit salzigem Beigeschmack
UN OLOROSO	Ein dunkler, wilder, aromareicher Sherry
UN AMONTILLADO	Ein goldgelber Sherry mit Mandel-Nuß-Aroma
QUISIERAMOS UNA ESPECIALIDAD DE LA CASA.	Wir möchten eine Spezialität des Hauses.
UNA TAPITA DE...	Eine kleine Portion...
UNA RACION DE...	Eine Portion... (die doppelte oder dreifache Menge einer Tapa)
UN VARIADO	Eine gemischte Tapaauswahl
UNOS PINCHOS	Tapas (Im Norden Spaniens bestellt man Pinchos statt Tapas)
UNAS ALMENDRAS SALADAS	Gesalzene Mandeln
UNAS ALMENDRAS NATURALES	Mandeln
UNOS CACAHUETES	Erdnüsse
UN PLATITO DE ACEITUNAS	Ein kleiner Teller mit Oliven
UNAS ACEITUNAS RELLENAS	Einige gefüllte Oliven
UNAS ACEITUNAS NEGRAS	Einige schwarze Oliven
UN CHATO DE VINO	Ein Glas Wein
UN VINO TINTO, BLANCO, ROSADO	Ein Rotwein, Weißwein, Rosé
UNA CAÑA oder UNA CERVEZA A PRESION	Ein Bier vom Faß
UNA SIDRA	Ein Apfelwein

UN VINO RIBEIRO	Ein perlender, junger Weißwein (leicht trüb)
JAMON	Schinken
UNA RACION DE JAMON SERRANO	Eine Portion Serrano-Schinken
UNA RACION DE CANA DE LOMO	Eine Portion luftgetrocknetes Schweinefleisch
UNA TORTILLA ESPAÑOLA	Ein spanisches Omelett
UNOS BOQUERONES	Einige eingelegte Sardinen
PESCADITO FRITO	Kleiner fritierter Fisch
UNOS CALAMARES	Einige Tintenfische
UNOS CALAMARES REBOZADOS	Einige fritierte Tintenfischringe
UNAS ALMEJAS	Einige Muscheln
UNAS PATATAS CHIPS oder PATATAS FRITAS	Einige Kartoffelchips oder fritierte Kartoffeln
UNOS MEJILLONES	Einige Miesmuscheln
POR FAVOR UN CHATO DE TINTO	Ein Gläschen Roten bitte
IR DE TAPEO	Einen Tapa-Umzug machen
UNA TAPITA DE JABUGO	Eine kleine Portion Jabugo-Schinken
¿VINO TINTO? NO MEJOR UN BLANCO SECO.	Rotwein? Nein, lieber einen trockenen Weißen
¿TIENEN CERVEZAS DE BOTELLA?	Haben Sie Flaschenbier?
QUIERO ALGO MUY PICANTE	Ich möchte etwas sehr Scharfes
POR FAVOR QUE NO SEA MUY PICANTE	Bitte nicht allzu scharf
¿QUE TAPITAS TIENEN?	Welche Tapas haben Sie?
UNAS ALMENDRAS Y UN FINO POR FAVOR	Einige Mandeln und einen Fino-Sherry bitte
¿DE QUESO TIENEN ALGO PARA PICAR?	Haben Sie Käse-Tapas?
UNA TAPA DE JAMON	Eine kleine Portion Schinken
UNA TAPA DE CHORIZO	Eine kleine Portion Wurst (scharf)
UNA RACION DE MORCILLA	Eine Portion Blutwurst
UNOS TACOS DE QUESO	Einige Stückchen Käse
UNOS TACOS DE QUESO DE ...	Ein bißchen
... CABRALES	Blauschimmelkäse
... MANCHEGO	Manchego-Käse
... MAHONES	Käse aus Mahón (Menorca, Balearen)
UNOS TACOS DE ... ... SOBRASADA	Einige Stückchen scharfe Mettwurst (Balearen)
... BUTIFARRA	katalanische Mettwurst
... BUTIFARRON	Blutwurst
... SALCHICHON	Salami
... JAMON SERRANO	Serrano-Schinken
... JAMON DE JABUGO	Jabugo-Schinken

Kopieren Sie diese Seiten für Ihre Tapa-Tour.

REGISTER DER REZEPTE

a) spanisch

b) deutsch

Tapas und Sherry gehören zusammen, und es war eine Freude, daß Sandeman Sherry uns auf dieser Tapas-Reise durch alle spanischen Provinzen begleitet hat.

Die Autoren und Fotografen sowie der Verlag bedanken sich für diese angenehme, köstliche, erfrischende und kompetente Reisebegleitung.

¡Gracias y Salut!

Von Frank Schauhoff und Tonina Oliver ist weiterhin in unserem Verlag erschienen:

Zu Gast auf Mallorca
Die schönsten Rezepte

Fotografien von Dieter Bork. 152 Seiten mit 106 farbigen Abbildungen, 78 Rezepten, einem Anhang mit praktischen Informationen, Leinen mit Schutzumschlag

»Die Küche der Sonneninsel lebt von frischem Gemüse, Meeresfrüchten und natürlich auch von den Weinen der Insel. Das Buch ›Zu Gast auf Mallorca‹ ist aber nicht nur ein Führer durch die Küche der Insel, der einladen will, die Rezepte zu Hause nachzukochen. Es ist auch ein wertvoller Reisebegleiter für alle Urlauber auf Mallorca, denn in einem ausführlichen Anhang wird auf die Markttage auf Mallorca, die Feste und Prozessionen hingewiesen. Die Fotos lassen die Insel und ihre Schönheit lebendig werden und laden ein, das Lebensgefühl Mallorcas am heimischen Herd ein wenig nachzuempfinden.«

Bayerisches Sonntagsblatt

Bitte beachten Sie auch folgende Veröffentlichung aus unserem Verlag:

Zu Gast in der Provence
Die schönsten Rezepte

Von Christian Begyn und Hans-Albert Stechl (Text) sowie Achim Käflein (Fotos). 152 Seiten mit 130 farbigen Abbildungen, einer Karte, über 90 Rezepten und einem Anhang mit praktischen Informationen, Leinen mit Schutzumschlag

Mit einer Auswahl von mehr als 90 rustikalen und feinen Rezepten lassen sich provenzalische Gaumenfreuden leicht am eigenen Herd zubereiten. Empfehlungen für den passenden Wein fehlen natürlich nicht. Die brillanten Fotos spiegeln die Provence mit ihren zauberhaften Landschaften, den üppigen Märkten und nicht zuletzt reich gedeckten Tischen wider. Informationen über die schönsten Märkte, ein Überblick über die Feste der Region sowie Hinweise zu den interessantesten Sehenswürdigkeiten machen das Buch darüber hinaus zu einem nützlichen Reisebegleiter.

CLYP
CAMPARI

Mrau
2133
PORT

TAPA

TONYINA
XIRIRONS
SEITO